Sylvia Näger

Kreative Medienerziehung im Kindergarten

Sylvia Näger

Kreative Medienerziehung im Kindergarten

Ideen – Vorschläge – Beispiele

Herder Freiburg · Basel · Wien

Gedruckt auf umweltfreundlichem,
chlorfrei gebleichtem Papier

1. Auflage der überarbeiteten und erweiterten Neuausgabe

Umschlaggestaltung: Joseph Pölzelbauer, Freiburg
Umschlagfoto und Textfotos: Archiv der Autorin
Das Foto auf S. 131 ist mit freundlicher Genehmigung des ZDF
der Sendung „Siebenstein“ entnommen.
Die Abbildung auf S. 155 erfolgt mit freundlicher
Genehmigung des Tivola-Verlages, © Tivola-Verlag, Barbara Landbeck
Grafik: Ekkehard Huber

Satz: Barbara Herrmann, Freiburg
Druck und Bindung: Freiburger Graphische Betriebe 1999
ISBN 3-451-26763-2

Inhalt

1 Einleitung

Kind zu sein und Kindheit zu erleben, ist kein gleichbleibender Zustand, sondern einer, der sich ständig ändert. Jede Kindheit ist geprägt von der Zeit, in der sie gelebt wird. Alltag bedeutet heute für Kinder Medienalltag, denn Medien und ihre symbolischen Welten sind ein Bestandteil ihrer sozialen Realität geworden. Kinder nutzen Medien mit ebenso großer Selbstverständlichkeit wie Erwachsene und beziehen aus ihnen einen Teil ihrer Erfahrungen.

Auch im Kindergarten ist festzustellen, daß Verhaltensweisen, Wahrnehmungsmuster und der Umgang unter den Kindern durch Medieninhalte und Medienprodukte beeinflußt werden. Wer ein Kind fragt, ob es gerne fernsieht, wird selten ein Nein hören. Und auch die Beliebtheit des Hör-Mediums Cassette bei den älteren Kindergartenkindern ist für jeden Erwachsenen, der sich mit Kindern und ihrem Medienumgang beschäftigt, unübersehbar.

Auffallend oft aber werden Medienerfahrung, d. h. Medienkommunikation, von Kindern nicht aufgegriffen, falls nicht gar versucht wird, sie vollständig aus dem Kindergartenalltag auszublenden. ErzieherInnen sehen in den Medien eine störende Konkurrenz zu ihren eigenen pädagogischen Zielsetzungen und lehnen aus einer defensiven pädagogischen Haltung die Auseinandersetzung mit Medien grundsätzlich ab. Dabei lassen sie außer acht, daß Kinder Medieninhalte aus durchaus ernstzunehmenden Gründen, nämlich zur Bewältigung aktueller Lebenssituationen verwenden. Indem sie sich mit Medienwelten auseinandersetzen, können sie ihre eigene Situation überdenken und produktiv bearbeiten. Kinder stellen ihre Lebensthemen anhand von Medienangeboten dar und erproben im Spiel mit Hilfe von Mediensymbolik neue Handlungsmuster.

Wenn aber der Kindergarten auch ein Ort ist, in dem sie die Welt spielerisch und modellhaft erproben können, und wenn ferner zu Recht der Anspruch an ihn gestellt wird, daß er sich den unterschiedlichen Lebensbereichen öffnen solle, dann sind zwangsläufig auch die Medien als wesentlicher Bestandteil unserer Lebenswelt in die pädagogischen Aktivitäten miteinzubeziehen.

Dazu will dieses Buch Mut machen und Anregungen geben.

ErzieherInnen können durch eine handlungsorientierte Medienerziehung ein pädagogisches Klima im Kindergarten schaffen, das es ermöglicht, die alltäglichen Medienerfahrungen der Kinder aufzugreifen und zu thematisieren.

Im Mittelpunkt dieses Buches stehen Beispiele aus langjähriger aktiver medienpädagogischer Praxis. Sie mögen als Anregung dienen, im Kindergarten Situationen zu schaffen, in denen Kinder und ErzieherInnen den aktiven Umgang mit Medien gemeinsam erproben.

2 Theoretische Blitzlichter zur Medienerziehung

2.1 Der Medienalltag von Kindern

Im Kinderzimmer ...
Anna hat einen kleinen Tisch in ihrem Zimmer, auf dem ein Stück grünes Moos liegt. Es riecht nach Wald. Sie zeigt es mir und erklärt: „In so einem Kuschelmoos wohnt Bibi Blocksberg, ich hab' sie gesehen. Und jetzt will ich noch die Cassette, wo's so spannend ist." Anna stülpt sich den Kopfhörer über, beißt in eine Birne und läßt mich alleine sitzen. Ich überlasse sie ihrem „Kino im Kopf" und sehe mich im Zimmer um: Unterm Hochbett thront eine beachtliche Versammlung bunter Stofftiere und Puppen aller Art, davor liegen Kissen zum Toben und Lümmeln. Hier kann Anna, die vor kurzem fünf Jahre alt geworden ist, gemütlich „lesen" und Geschichten hören, die Cassettenberge im Regal und die Bilderbücher sind in Griffweite. In ihrem Kinderzimmer mangelt es an nichts, die Spielzeugindustrie hat sie als Konsumentin entdeckt und sorgt im Verbund mit anderen Herstellern für ihre Medienausstattung: Zu den Spielzeugen, Bilderbüchern und Cassetten gehört die Stofftier- und Puppengalerie in drei Regalen, die auch die medientechnische Ausstattung beherbergen: Radiowecker, Cassettenrecorder, „und manchmal darf ich den kleinen Fernseher mit ins Zimmer nehmen, aber der ist nicht so gut wie der große im Wohnzimmer. Der Johannes hat auch einen Fernseher, aber damit kann man spielen". Gemeint ist der Spiel-Computer ihres Bruders Johannes. Der

mag Batman-Comics, sammelt Aufkleber und „darf mehr fernsehen als ich, weil er jetzt schon in die Schule kommt", sagt Anna.

Die Medienlandschaft

Anna und Johannes wachsen in einer Lebenswelt auf, die von Medien geprägt ist. Die Mehrzahl der Kinder im Kindergartenalter nutzt bereits eine bunte Palette unterschiedlicher Medien. Dabei lassen sie sich, ebenso wie Erwachsene, von den reizintensiveren technischen Medien besonders faszinieren.

Während der Medienalltag in unserer Kultur immer vielfältiger wird, verläuft die Entwicklung der Medien zusehends rasanter: Technologien, die gestern noch als „neu" gefeiert wurden, sind heute schon veraltet. In immer rascherer Folge ziehen Neuheiten in die Privathaushalte ein. Oft an zentralen Stellen wie dem Wohnzimmer findet sich das Leitmedium Fernsehen, das als „Kaminfeuer des 20. Jahrhunderts" die Zuschauer stumm vor sich vereint.

Mit den Informations- und Kommunikationstechnologien, wie die technischen Geräte und Einrichtungen genannt werden, die Informationen übertragen, speichern und verarbeiten, stehen uns eine Vielzahl von Medien zur Verfügung, die Inhalte und Botschaften versprechen. Der Empfang von Hörfunk- und Fernsehprogrammen ist in den vergangenen Jahren durch zusätzliche Übertragungstechniken wie Kabel und Satellit beträchtlich erweitert worden. Neben den öffentlich-rechtlichen Sendeanstalten bieten uns inzwischen ungezählte privatwirtschaftlich organisierte Sender ihre Programme an. Sie haben die Programmlandschaft vollkommen verändert. Videorecorder, Spielkonsolen, Computer und Internet-Modems sind in die Haushalte eingezogen. Sie teilen sich den Raum mit Radio, CD-

Player, Cassettenrecorder und Fernseher. Auf Knopfdruck erscheinen bunte Bilder und Töne, die Fernbedienung oder die PC-Maus ersetzt Realität durch Medienwirklichkeit Dieses Mediennetz prägt die Lebenssituation von Kindern wie nie zuvor.

Ausstattung der Haushalte mit Geräten der Unterhaltungselektronik:	
Fernsehgerät	98,5 %
– zwei und mehr Geräte	22,1 %
Videorecorder	64,3 %
Radiogerät	98,5 %
Cassettenrecorder	72,5 %
CD-Player	64,9 %
Stereoanlage	75,5 %
Personalcomputer	23,7 %
Notebook	4,6 %

(Quelle: Media Analyse in Media Perspektiven, Basisdaten 1998)

Gesellschaftliche Faktoren prägen den Kinderalltag

Die Welt, in der Kinder heute aufwachsen, ist nicht nur durch ein größeres Medienangebot geprägt, sondern auch durch veränderte gesellschaftliche Bedingungen. Familienleben findet heute für viele Kinder ohne Geschwister statt, 60 Prozent aller Kinder unter 14 Jahren sind Einzelkinder.

Die Zahl der Kinder, die bei alleinerziehenden Elternteilen aufwachsen, erhöht sich durch die steigende Trennungsbereitschaft der Eltern. Die zunehmende Berufstätigkeit beider Eltern führt zu mehr Fremdbetreuung, langen Wegen und getrennt verbrachten Tagesabläufen von Kindern und Eltern. Wegen der dichten Bebauung der Wohngebiete und der Gefährdung durch den Straßenverkehr verengt sich der öffentliche Spielraum, verlagert sich die Spielwelt der Kinder zunehmend in die Wohnung.

Diese Faktoren führen dazu, daß Eltern für ihre Kinder Tagesabläufe durchorganisieren und Spielsituationen planen müssen. Die Kinder wachsen in einer Wohlstandsgesellschaft auf und werden früh zu Konsumenten gemacht, deren Wünsche selbstverständlich erfüllt werden.

Das Kind aber braucht die emotionale Nähe und die körperliche Zuwendung seiner Eltern ebenso wie eine vertraute Umgebung. Es braucht Antworten auf seine Fragen und muß seine Konfliktfähigkeit in kommunikativen Zusammenhängen erproben und erlernen können. Diese kindlichen Entwicklungen und Erfahrungen stoßen auf eine mediengeprägte Lebenswelt. Da Medien viele Kommunikationsangebote liefern, die natürlich auch für Kinder verlockend sind, ist es naheliegend, daß Kinder sie auch wahrnehmen. Eltern und Umwelt sind deshalb nicht mehr die einzige Anlaufstelle für Fragen und Entdeckungslust, für emotionale und zeitvertreibende Bedürfnisse. Hörspiele, Fernsehprogramme, Bilderbücher, elektronische Spielangebote und im Medienverbund produzierte Spielzeugserien versprechen dem Kind eine Vielzahl medialer Formen zur Befriedigung seiner Bedürfnisse und Interessen.

Warum Kinder Cassetten zuhören, hinhören und nebenbei hören

Nach dem Fernsehen sind Tonträger das von Kindern am zweithäufigsten genutzte Medium. Knapp die Hälfte aller Kinder im Alter von 3 bis 13 Jahren hört täglich Cassetten oder CDs.

Beim Cassettenhören haben Kinder meist andere Erwartungen als Erwachsene: „Wenn ich abends ins Bett muß und nicht schlafen kann, dann hör' ich eben eine Cassette“, erzählt mir Jonas. Sein Verhalten ist typisch für die Nutzung dieses Mediums durch Kinder.

Durch das Cassettenhören versetzen sie sich in Stimmungen und Gefühle, stimulieren ihre Befindlichkeit. Langeweile,

schlechte Laune, Angst, Traurigkeit vertreiben, aber auch Kommunikation ersetzen: das alles kann die Cassette. Die Serienhelden vieler Hörspiele bieten sich als treue und zuverlässige Freunde an, schaffen ein vertrautes Milieu und damit Geborgenheit. Aufgrund ihrer Allmacht können die Helden vieles, was sich Kinder wünschen, und sind oft attraktive Identifikationsfiguren.

Serienhelden schaffen für eine Kindergruppe Verbindungen: Man hört die gleichen Cassetten, tauscht Erfahrungen aus – kurz und gut: Man gehört „dazu".

Welche Erwartungen die Kinder an die Cassette haben, hängt zum einen von ihren Medienerfahrungen, zum anderen von ihrer psychosozialen Lage ab. Ohne Zweifel dienen sie ihnen als Fluchträume aus psychischem, sozialem und pädagogischem Druck der Umwelt. Fehlen Kindern motivierende Spielräume, Mitspieler und Gesprächsmöglichkeiten, dann sind Cassetten ein Medium, das diese Kommunikationsbedürfnisse in einer Ersatzwelt anbietet. Wenn die Kinder statt Video- oder Fernsehfilmen selbstbestimmt Hörspiel-Cassetten bevorzugen, sehen dies die meisten Erwachsenen nicht einmal ungern.

Der Kultur- und Medienforscher Heinz Hengst sieht die Problematik der Kindercassetten folgendermaßen:

„Der massenhafte Absatz kommerzieller Hörmedien für Kinder ist deshalb möglich, weil deren primäre Funktion die der Lükkenbüßer und Babysitter ist … Nicht nur das Fernsehen, auch

die Tonkonserven ersparen den Eltern viel Mühen. Sie beschäftigen die Kinder auf ruhige, nicht störende Weise, ersetzen sie als Kommunikationspartner." (Hengst 1979, S. 43/44).

Der transportable Cassettenrecorder, besonders der Walkman, ist überall verfügbar und von keinem Programm abhängig. Die Technik ermöglicht es dem Kind, eigenbestimmt seine Lieblinge beliebig oft anzuhören, gewisse Stellen auszulassen und andere ewig zu wiederholen. Dabei lösen die Macharten der Serien-Hörspiele und Medienverbund-Cassetten die kindlichen Erwartungshaltungen wie Entspannung und Ablenkung oder Abenteuer und Phantasiereisen umgehend ein. Meist interessieren sich Kinder eher für diese bequem zu konsumierenden Produktionen als für die, die solche Bedürfnisse anspruchsvoller zufriedenstellen.

Durch ihre akustischen Reize sind Cassetten für Kinder ein beliebtes und wichtiges Nebenbei-Medium: „Beim Cassettenhören kann man auch spielen und malen. Eigentlich kann man da hinhören und alles trotzdem machen." So lautet der Kommentar von Lena zu ihrer Sicht der Dinge. Laut den Daten einer Untersuchung von Treumann u. a. hören 6–11jährige Kinder täglich 31 Minuten Cassetten (vgl. Treumann u. a., Bielefeld 1995). Dabei scheint es eine beträchtliche Differenz zwischen Kindern mit sehr kurzer Nutzungsdauer und den 11 % der Vielhörer zu geben, die täglich über zwei Stunden Cassetten hören.

Kinder verwenden Medienangebote

Mit ihren Inhalten, ihren Botschaften und ihrer Symbolik werden Medienangebote zur „Baustelle für die Identitätsfindung von Kindern", wie der Medienforscher Ben Bachmaier den Medienkonsum von Kindern bezeichnet. Seine Formulierung drückt bildlich aus, daß Kinder sich tatsächlich verschiedene Bausteine aus dem Angebot der Medien herausbrechen. Welche das sind, hängt von ihrer individuellen Lebenswelt und ihrem momentanen persönlichen Empfinden ab. Auch wenn zwei erwachsene Menschen den gleichen Film sehen, heißt das noch lange nicht, daß er beide zu gleichen Gefühlen und Bewertungen bewegt.

Kinder verwenden Medienangebote individuell und situationsabhängig:

- Kinder verwenden Medien, um Wissen zu erlangen, um Antworten auf ihre Fragen zu finden und um neue Welten zu erobern: So verschaffen sie sich Einblicke in die geheimnisvolle Erwachsenenwelt. Welche Themen und sozialen Situationen Kinder jeweils interessieren, hängt von ihrer individuellen emotionalen Befindlichkeit und der Phase ihrer Identitätsentwicklung ab.
- In ihrer Entwicklung brauchen Kinder Impulse, um ihre handlungsleitenden Themen zu bearbeiten. Dazu verwenden sie auch Medieninhalte, deren Symbole eine Auseinandersetzung mit sich selbst und mit dem Anlaß, der sie beschäftigt, ermöglichen. So entstehen Rollenspiele, „groß und stark sein“ beispielsweise, mit Hilfe von He-man oder einer anderen Heldenfigur.

Schlümpfe-Videocassette einschieben
(Claus, 6 Jahre)

- Kinder verwenden die Medienangebote als Sinne-Abenteuer. Sämtliche Sinne können sich in einer ländlichen Umgebung besser entfalten als im städtischen Lebensumfeld. Die sinnlichen Reize sind aber gerade bei den audio-visuellen Medien sehr hoch. Beispiel: Wenn der Fernseher läuft, schauen die meisten Menschen automatisch immer wieder hin, auch wenn sie die Sendung nicht wirklich interessiert. Eine Umgebung, die keine sinnlichen Abenteuer mehr zuläßt, verstärkt das Bedürfnis, diese durch Medienreize zu ersetzen. Das gilt für Kinder ebenso wie für Erwachsene.
- Kinder verändern durch Mediennutzung ihre Auseinandersetzung mit Erwachsenen. Sie organisieren ihre Mediennutzung zunehmend selbstbestimmt. Da die Geräte hierzu fast überall vorhanden sind, wird sich diese eigenbestimmte Form der Mediennutzung noch ausweiten und immer jüngere Kinder erfassen.

Wieviel schauen Kinder fern?

Die Zeit, die Kinder vor dem Bildschirm verbringen, unterscheidet sich je nach Alter, Geschlecht und geographischer Herkunft. Bei der Einschätzung der durchschnittlichen Fernsehnutzungszeiten ist auch nicht zu vergessen, daß Kinder neben dem Fernsehen oft noch anderen Tätigkeiten nachgehen und Sendungen nur punktuell verfolgen. Dazu kommt, daß es bei Kindern ebenfalls Viel- und Wenigseher gibt, die die durchschnittliche Sehdauer mitprägen. Ob und wieviel Kinder fernsehen, ist auch vom Wetter und den Jahreszeiten abhängig. Im Winter schauen sie bedeutend öfter als im Sommer, wo sie mehr im Freien unternehmen können. Werden Nutzungszahlen geschlechtsspezifisch betrachtet, ist festzustellen, daß in allen Altersgruppen Mädchen weniger fernsehen als Jungen. Eine geographisch differenzierte Betrachtung der Nutzungszahlen zeigt, daß die Reichweiten im Osten seit längerem über dem Westniveau liegen, sich allerdings immer mehr angleichen.

Tägliche Fernsehnutzung der Kinder 1998, in Minuten:

	Mo-So
3- 5 Jahre	76
6- 9 Jahre	96
10-13 Jahre	117
3-13 Jahre	99

Tägliche Sehdauer der Erwachsenen: 201 Minuten.

Fernsehnutzung der Kinder 1998, an verschiedenen Wochentagen:
(Mo bis So, 3–3 Uhr, BRD gesamt, in Minuten)

	Mo-Do	Fr	Sa	So
3- 5 Jahre	70	78	86	90
6- 9 Jahre	82	103	126	118
10-13 Jahre	104	123	145	134

(Quelle: GfK-Fernsehforschung in: Media Perspektiven 1999, Heft 4)

Die zeitliche Entwicklung der Fernsehnutzung von 3–13jährigen Kindern ist in den sechs Jahren, in denen die Fernsehforschung diese Daten erhebt, erstaunlich konstant geblieben: Von 1992 bis 1998 hat sich die Sehdauer um 6 Minuten erhöht. Bei den Erwachsenen ist die Nutzung im gleichen Zeitraum allerdings um 34 Minuten gestiegen.

Auch die Einführung des Kinderkanals hat nicht zu einer Ausweitung der Fernsehnutzung von Kindern geführt. Bei den Drei- bis Fünfjährigen allerdings zeigt sich ein kontinuierlicher Anstieg der Sehdauer: Lag sie für diese Altersgruppe 1992 noch bei durchschnittlich 66 Minuten, kamen im Laufe der Jahre bis 1998 noch 10 Minuten hinzu.

Das Wochenende gibt auch Kindern Anlaß zu erhöhter Fernsehnutzung. Intensiv schauen sie insbesondere im Vormittagsprogramm. Die bevorzugte Fernsehzeit der Kinder liegt in der Zeit zwischen 18.00 und 21.00 Uhr. Aber auch die Mittagszeit und die Zeit zwischen 7.00 und 11.00 Uhr sind für Kinder attraktiv.

Der 1998 bei Kindern erfolgreichste Sender war Super RTL, gefolgt von RTL und PRO SIEBEN.

Betrachtet man allerdings die einzelnen Altersgruppen, zeigen sich massive Unterschiede in der Beliebtheitsskala: In der Gunst der Drei- bis Siebenjährigen beispielsweise nimmt 1998 Super RTL den ersten Platz ein. An zweiter Stelle steht der Kinderkanal, gefolgt von RTL.

Insgesamt sind bei Vorschulkindern die „Sesamstraße“, das „Sandmännchen“, die „Sendung mit der Maus“ sowie Zeichentricksendungen am beliebtesten. Spielfilme und Daily-Soaps gehören bei dieser Altersgruppe noch nicht zu den zehn beliebtesten Sendungen (vgl. ZDF-Medienforschung, 1997; Kübler/Swoboda 1998).

Mädchen aller Altersgruppen sehen am liebsten den Kinderkanal, bei den Jungen bleibt Super RTL unangefochten auf Platz eins.

Auffallend ist, daß bei Kindern nicht die Bindung an einen Kanal die Programmauswahl bestimmt, sondern konkrete Angebote. Kinder wählen sich im Tagesablauf gezielt Sendungen aus. Sie wechseln die Programme, um „ihre“ Zeichentrickfilme, Cartoons, Serien und Daily-Soaps sehen zu können. Dabei schätzen sie besonders solche Filme und Sendungen, die ihnen Möglichkeit zur inneren Beteiligung bieten, von denen sie sich emotional angesprochen fühlen und in denen sie Rollen und Stoff zur Identifikation finden. Eindeutig bevorzugen Kinder dabei die Programmangebote der Privatsender. (Vgl. Feierabend, Sabine / Klingler, Walter / Simon, Erik: Was Kinder sehen. Eine Analyse der Fernsehnutzung von 3–13jährigen 1998, in: Media Perspektiven 1999, Heft 4.)

Kinder beim Fernsehen

Beim Film- und Fernsehen geben Kinder ihren Gefühlen durch Mimik und Gestik Ausdruck. Schon ihre Sitzhaltung zeigt, ob sie verkrampft oder entspannt zuschauen. Wenn Erwachsene Kinder im Umgang mit Medien beobachten, können sie schon an deren Betroffenheit einiges über ihre Befindlichkeit ablesen. Kinder erleben Filme, indem sie sie auf ihr eigenes Leben beziehen. Und je jünger das Kind ist, um so realer nimmt es Filme wahr, desto intensiver reagiert es auf emotionale Handlungen.

Kinder eignen sich die Angebote der Medien oft recht eigenwillig an, da sie, anders als Erwachsene, vieles noch nicht so wie diese erschließen können. Das heißt aber nicht, daß man das Kind in die defizitäre Rolle drängen, seine eigenwilligen Sichtweisen damit erklären sollte, daß es das Gesehene nicht verstanden hat. Das Kind nimmt sich aus den Bildern genau das heraus, was es interessant findet. Es gestaltet, was es gesehen oder gehört hat, in Gesprächen und im Spiel und löst Spannungen auf diese Weise auf. Diese Gestaltung, zusammen mit der Vermischung von medialer und lebensweltlicher Erfahrung, muß man beachten, wenn man an der Medienrealität der Kinder interessiert ist.

Gibt es „die Wirkung" von Medien?

Sicherlich bewirken die Medien etwas, bei Kindern wie bei Erwachsenen. Schon daß sie unsere sinnliche Wahrnehmung beanspruchen und Gefühle auslösen, zeigt dies deutlich. Aber ein Kind ist kein Hohlkörper, der nur mit Inhalten gefüllt werden muß, um ein berechenbares Produkt zu erzeugen. Ergebnisse der Medienforschung beweisen immer wieder, daß Medienwirkung nicht eindeutig bestimmbar ist, da sie von vielen Faktoren abhängt. Nicht nur, was betrachtet oder gehört wird, also die „Botschaft" der Medien, bestimmt ihre Wirkung. Die individuellen Faktoren, die der Konsument in die Mediennutzung einbringt, sind viel wichtiger für seine Wahrnehmung und Verarbeitung der Medieninhalte. Das bedeutet also: Wie Kinder auf Bilder, Geschichten und Figuren in Filmen, Büchern und Cassetten reagieren, was diese bei ihnen auslösen, hängt von ihren Vorerfahrungen, ihrer persönlichen Lebens- und Familiensituation und ihren aktuellen Bedürfnissen, ja selbst von ihrer augenblicklichen Stimmungslage ab.

Können Kinder bewegte Bilder verstehen?

Säuglinge und Kleinkinder erfahren die Welt mit allen Sinnen. Hauptsächlich „erfassen" und „begreifen" sie die Dinge ihrer näheren Umgebung, erfahren ihre Umwelt also über den Tast- und nicht über den Gesichtssinn. Erst muß ein Kind eine Tasse in der Hand gehabt, die Dreidimensionalität eines Gegenstandes erfahren haben, bevor es die gleiche Tasse als zweidimensionale Abbildung wiedererkennen kann. Kinder sind auf konkrete Erlebnisse angewiesen, bevor sie Gegenstände in einer anderen Perspektive wiedererkennen können. Bilder nimmt das kleine Kind ausschnittsweise wahr. Dabei läßt es sich von seinen gemachten Erfahrungen, von dem, was es bereits kennt, leiten. Bei Kindern im Kindergartenalter sind das Zeit- und Sprachverständnis und das Verstehen von Symbolen und abstrakten Zeichen noch nicht voll entwickelt. Die Abfolge der Bilder im Film ist für sie zweitrangig, denn durch ihre emotionale Situation nehmen sie die Handlungen wahr, die für ihre Erlebniswelt von Bedeutung sind. So werden einzelne Filmszenen oft auf die eigene Realität und persönliche Erfahrung bezogen, andere Ausschnitte des Films dagegen gar nicht wahrgenommen und erinnert. Selektive Wahrnehmung prägt auch das Erzählen und Nachspielen von Filmen.

Diese Vielfalt von individuellen Faktoren in Verbindung mit den entwicklungsbedingten Wahrnehmungsfähigkeiten gilt es also zu bedenken, wenn es um die Einschätzungen des Medienumgangs der Kinder geht.

Die Diskussion um die Darstellung von Gewalt in Medien

Natürlich hat die längerfristige Nutzung von Medien Auswirkungen – aber sicher nicht so eindimensionale, wie sie oft verkürzend in die Diskussion um Gewaltdarstellung in Medien eingebracht werden. Es gibt nicht nur die in den Medien bevorzugt dargestellte körperliche Gewalt, wie sie etwa in actionreichen und brutalen Filmen, oft auch in Zeichentrickfilmen dargestellt wird.

Auch psychische und strukturelle Formen von Gewalt existieren in unserer Gesellschaft zur Genüge; mit ihnen sind viele Kinder in zunehmendem Maße konfrontiert. Diese Gesichter des gewaltsamen menschlichen Umgangs miteinander werden in den Diskussionen um die Zunahme von Gewalt meist nicht gebührend berücksichtigt. Die stark verkürzende Behauptung, Kinder und Jugendliche, die viel Mediengewalt konsumieren, würden dadurch zu Kriminellen, läßt eine Vielzahl anderer Faktoren – strukturelle und psychische Aspekte der Gewalt – außer Betracht.

Kinder haben im Umgang mit gewaltsamen Darstellungen im Film oft andere Empfindungen als Erwachsene: Was diese als Gewalt erleben, finden Kinder häufig einfach lustig; andererseits erleben sie Szenen, die ihrem Alltag näher liegen und von Erwachsenen als gewaltfrei empfunden und eingeordnet werden, als bedrohliche und beunruhigende Gewalt.

So werden Medieninhalte oftmals von Erwachsenen viel zu sehr von ihrer eigenen Perspektive aus beurteilt. Das führt bei der Gewaltdiskussion häufig zu recht vermessenen Schlußfolgerungen, die ungeachtet der spezifisch kindlichen Erfahrungs- und Erwartungssituation gezogen werden.

Kinder sehen zu Hause fern

Viele Eltern würden es am liebsten sehen, daß ihre Kinder sich intensiv mit Büchern beschäftigen. Andererseits sitzen sie aber, wie ihre Kinder klagen, selbst häufig vor dem Fernseher. Der Familienalltag wird stark durch das Fernsehen strukturiert: Man ißt vor der Tagesschau, dann kommen die Kinder ins Bett. Am Samstag geht nichts ohne „Sportschau“ oder „ran“, und abends möchte man am liebsten gar nicht weg, weil der dritte Teil eines Dreiteilers oder die 123. Sendung der so heiß geliebten Serie, die einen schon seit vier Jahren durchs Leben begleitet, gesendet wird. Das ist der Medienalltag, den die Kinder kennen. Aber leider erleben sie viel zu selten, daß Eltern oder andere Erwachsene mit ihnen die Sendungen anschauen, die speziell für sie gemacht sind: das Kinderprogramm, das Kinder mit ihren Interessen ernst zu nehmen sucht.

Eltern brauchen Hilfestellungen, um mit den Herausforderungen der Medien im erzieherischen Alltag bewußt und selbstverständlich umgehen zu können. Nicht zuletzt von qualifizierten ErzieherInnen; Vorschläge zur Elternarbeit im Kindergarten sind in Kapitel 5 zu finden.

Wie gesagt: Für Mediennutzung von Kindern kann man keine Rezeptur erfinden, die ein garantiertes Ergebnis liefert. Man kann nur immer wieder an ganz einfache Spielregeln im Umgang mit dem Fernsehen erinnern. Im Prinzip sind sie allen bekannt, aber wie so oft: man vergißt Selbstverständliches allzu leicht. Liza Minelli, Musicalstar und Schauspielerin aus den USA, antwortete auf die Frage, welche Gefahren das Fernsehen denn mit sich bringe: „Gefahren? Ein Knopfdruck genügt, und jede Gefahr ist vorbei."

Spielregeln: Wie 4- bis 6jährige Kinder fernsehen sollten

- Kinder sollten nicht alleine vor dem Bildschirm sitzen.
- Kinder brauchen viel Konzentration fürs Fernsehen. Ihr starkes Bewegungsbedürfnis setzt den Rahmen für die Sehdauer. Faustregel: Eine Sendung und dann Pause! Kein 90 Minuten langer Film!
- Der Fernseher ist kein Miterzieher. Fernsehprogramme und Videocassetten sind weder Strafe noch Belohnung.
- Fernsehen zeigt Kindern vieles, das sie bewegen und beschäftigen kann. In Gesprächen, durch das Spiel und beim Malen wird dafür Raum geschaffen.

Der Medienverbund

Fast jeder kennt das Problem: Ein Kinder-T-Shirt ohne Aufdruck gibt es kaum noch zu kaufen. Auf dem Kinderfahrrad lauert Batman. Biene Maja sitzt in den Tiefen des Kindertellers. Von der Kinder-Bettwäsche grinst Alf. Die Ponys traben über die Kindergartentaschen und den Bildschirm. Ansonsten dürften jeder Erzieherin die aktuellen Figuren des Medienverbundsystems in der eigenen Kindergartengruppe begegnen. Turtles auf Cassette, im Privatfernsehen, auf Video, als Kinofilm, in umfangreichem Sortiment auf dem Spielzeugmarkt und wo man sie sonst noch überall aufdrucken kann …

Die emotionale Bindung der Kinder an ihren Medienliebling wird von eigens dafür geschaffenen Unternehmen kräftig für Umsatzinteressen ausgenutzt. Hat ein Kind als erstes das Turtle-Shirt und präsentiert es sich auch noch überzeugend mit seinem Helden, dann werden sich etliche andere Kinder angesprochen fühlen und nicht eher Ruhe geben, bis sie ihren Wunsch erfüllt bekommen.

Es ist für die Entwicklung der Kinder wichtig, sich an Gleichaltrigen zu orientieren. Das geschieht auch, indem sie sich die gleichen Attribute und Sachen wie der Freund oder die Freundin wünschen. Die Abfolge der Figuren, die „in“ sind, wird aber immer schneller. Das heißt: Kinderinteressen dienen immer mehr zugleich auch marktwirtschaftlichen Interessen. Vielleicht ergibt sich am Elternabend eine Möglichkeit, diese Konsumoffenheit zu beleuchten. Der Medienalltag von Kindern muß für die Erziehungsziele des Kindergartens immer wieder beobachtet und reflektiert werden. Er soll auch Inhalt der Elternarbeit im Kindergarten sein. Diese ist dann wirkungsvoll, wenn in der pädagogischen Konzeption des Kindergartens die Medienerziehung einen festen Platz eingeräumt bekommt. Davon handelt das nächste Kapitel.

2.2 Medienerziehung im Kindergarten

Kinder bringen ihre Medienerfahrungen in den Kindergarten

Der Kindergarten hat die ganzheitliche Entwicklung der Kinder zu unterstützen. Diese Erziehungsaufgabe erfordert es, die Situationen aufzugreifen, in denen sich das Leben der Kinder abspielt. Da sich die Lebenswelt von Erwachsenen und Kindern zunehmend ausdifferenziert, schlägt sich das auch in der Pädagogik nieder. Die Vielzahl der erstrebenswerten Erziehungsziele spiegelt sich in der sogenannten Bindestrichpädagogik wider: Musik-Pädagogik, Bewegungs-Pädagogik, Gesundheits-Pädagogik, Friedens-Pädagogik, Umwelt-Pädagogik, Medien-Pädagogik und und und ... das löst manches Mal dann die bestürzte Frage aus: „Ja, was soll ich denn jetzt noch alles im Kindergarten machen?" Oder wenn bei Mediendiskussionen die familiäre Mediensituation der Kinder thematisiert wird: „Der Kindergarten ist eine familienergänzende Einrichtung, keine -ersetzende."

Dem sei entgegengestellt, daß Medienerziehung im Kindergarten nicht spezialisiert und losgelöst stattfinden sollte, sondern in die alltäglichen pädagogischen Bemühungen und in ein pädagogisches Gesamtkonzept eingebunden gehört.

Anlaß, darüber nachzudenken, daß das eigentlich schon länger so sein müßte, gibt es dann, wenn Kinder sich in Spiel und Kommunikation aktiv und verbal auf ihre Medienerlebnisse beziehen. Daß dies alltäglich stattfindet, ist jeder Erzieherin bekannt, wird aber erfahrungsgemäß meist als negative Auswirkung der Mediennutzung von Kindern gesehen und bewertet.

Die Untersuchung „Medienerfahrungen von Kindern" des Deutschen Jugendinstituts (1991) beschäftigte sich intensiv mit diesem Phänomen: „Wie gehen Kinder im Kindergarten mit ihren Medienerfahrungen um, und wie bringen sie dort ihre Medienerlebnisse ein?“ (Barthelmes u. a., S. 11). Unter dieser Fragestellung wurden in diesem Forschungsprojekt Daten erhoben und ausgewertet.

Ein Ausschnitt aus den Ergebnissen der drei Mitarbeiter und Mitarbeiterinnen, die in zweijähriger Arbeit in 18 Kindergärten in München Spiele, Gespräche und andere Aktivitäten der Kinder beobachtet, protokolliert und ausgearbeitet haben:

> *„Auch das Montagsphänomen als ein vermehrtes Auftreten medienbezogener Spiele gibt es nach unseren Beobachtungen nicht.“* (Barthelmes u. a., S. 94)

Die Unterschiede bei den beobachteten Gruppen führen sie nicht auf den Fernsehkonsum zurück, sondern sehen sie durch die Spielhäufigkeit überhaupt bedingt:

> *„Wenn die Kinder im Kindergarten viel spielen, spielen sie auch medienbezogen. Dabei überwiegt insgesamt sehr deutlich das Rollenspiel … Die medienbezogenen Spiele sind vorwiegend Spiele der Jungen, und es überwiegen die Abenteuer- und Actionspiele. Die Aggression ist in den meisten der Abenteuer-*

> *und Actionspiele gespielt, ein unter den Kindern verabredeter ‚Kampf'; die gespielte Kampfsituation und die faktische Situation sind nicht identisch. Wenn Konflikte auftreten, sind es solche um Besitz, ums Mitspielen und um die Rollenverteilung. Nur in wenigen dieser Spiele wurde Aggression symbolisch ausgedrückt oder die Medienrolle als Vorwand für tatsächliche Aggression benützt.*" (Barthelmes u. a., S. 94/95)

Eine andere Beobachtung ist die, daß auch medienbezogene Spiele geschlechtsspezifisch geprägt sind. Die Jungen bedienen sich für ihre Identifikation bei „Batman", „Michael Knight" oder „Leonardo" von den Turtles und spielen das alte Thema: „Gut kämpft gegen Böse" mit neuen Figuren.

Die Mädchen bevorzugen auch in medienbezogenen Spielsituationen die Beziehungskomponente. Ihre Spielthemen sind familienorientierter als die der Jungen; mit den Medienfiguren „Ponys", „She-Ra" oder „Barbie" spielen sie Schönsein, Begehrtsein und Küchenarbeit. Die Medienhelden der Fernsehprogramme bieten keine mädchenspezifischen Identifikationsmöglichkeiten.

Mehrfach betont wird in der Untersuchung, daß die medienbezogenen Spiele und Gespräche der Kinder keine unmittelbaren Rückschlüsse auf den häuslichen Medienkonsum zulassen. Es gibt Kinder, die zu Hause intensiv Medien konsumieren und dies im Kindergarten nicht zum Ausdruck bringen, während sich andererseits Kinder lautstark medienbezogen verhalten, nur um auf sich aufmerksam zu machen. Im Rollenspiel beispielsweise sind Kinder auch einfach He-man, wie sie Koch oder Räuber sind, andererseits verwenden sie Medienerlebnisse auch als Hilfsmittel zur Bewältigung entwicklungs- oder lebensbedingter Themen.

Für die Praxis im Kindergarten kann man daraus ableiten, daß es sinnvoll und notwendig ist, auf die medienbezogenen Äußerungen der Kinder einzugehen und diese zu beachten, denn Kinder verwenden mediale Figuren und Inhalte, um das auszudrücken, was sie beschäftigt und bewegt, was ihr Handeln leitet. Bei den Kindern sollte man die Freispielphasen nutzen und beobachten, wie sie ihre Medienerfahrungen ausspielen und sie verbal einsetzen, um soziale Beziehungen untereinander zu regeln. Ein weiteres Verhalten, das auch die Erziehenden bei Kindern glaubwürdiger macht, ist, die Äußerungen der Kinder nicht zu ignorieren, sondern möglichst selbstverständlich aufzugreifen und sich mit ihnen über ihre bevorzugten Helden samt deren Fähigkeiten und Unfähigkeiten auseinanderzusetzen.

Man kann dem Fernsehen nicht die Schuld für gesellschaftliche Defizite im Umgang mit Kindern und Medien zuschieben. Und ebenso muß man sich bei der Gestaltung der Medienerziehung im Kindergarten auch klar darüber sein, daß diese keine Reparaturfunktion für all das sein kann, was in der Erziehung nicht geleistet wird. Wenn sich in kindlichen Medienerfahrungen Problemsituationen zeigen, die psychosozial bedingt sind, dann benötigen diese Kinder und Eltern Hilfen oder therapeutische Angebote, die der Kindergarten nicht leisten kann. Das ist aber kein Grund, Medienerziehung aus dem Kindergarten auszuschließen.

Medienerziehung im pädagogischen Konzept des Kindergartens

- Das pädagogische Konzept im Kindergarten wird vom Erzieherinnenteam umgesetzt. Die Ausgestaltung der Zielsetzungen erfolgt in der alltäglichen pädagogischen Arbeit. Das bedeutet, daß letztendlich das medienfreundliche oder medienablehnende Klima des Kindergartens hauptsächlich durch die Erzieherinnen geprägt wird.

- Wie die meisten Erwachsenen nutzen auch Erzieherinnen in ihrer Freizeit Medien und haben *persönliche Gewohnheiten im Medienumgang.* Dieses sollte man mitbedenken, wenn es um den Umgang mit Kindern und Medien am Arbeitsplatz geht. Auch Erwachsene haben bestimmte Erwartungen an ihren Medienkonsum: Unterhaltung, Entspannung, Ablenkung, Information. Wenn diese reflektiert werden, wird sich oft zeigen, daß sie von den kindlichen Medienerwartungen gar nicht meilenweit entfernt sind. Grundsätzlich gilt es in der Erziehung, nicht die eigene Sicht der Dinge dem Kind überzustülpen, sondern sich mit ihm auseinanderzusetzen. Ganz bewußt sagte ich hier *dem Kind,* denn allen Kindern auf einmal kann sich niemand zuwenden. Auch Erzieherinnen können den Kindern die heile Kinderwelt nicht zurückgeben, wobei es die nie so perfekt gab, wie man sie sich gerne vorstellt. Sehr wohl kann ich dem Kind aber meine Gesprächsbereitschaft, mein Wissen und meine Wertvorstellungen anbieten, als Ausgangspunkt für ein kommunikatives Klima im Kindergarten. Die heute so oft geforderte Medienkompetenz schließt die Fähigkeit der Kommunikation mit ein. Die persönliche Einstellung zu Medien sollte nicht auf Urteilen und Vorurteilen, die Meinungen immer mitprägen, beruhen. Vielmehr sollte die differenzierte Betrachtung und Beurteilung von Medienprodukten und mediengeprägten Lebenssituationen Grundlage persönlicher Meinungsbildung sein.
- Der nächste wichtige Schritt ist der, daß man sich als Erzieherin an der Lebenswelt der Kinder orientiert, sich der Realität öffnet und die Situationen, die sich daraus für Kinder und Erzieherinnen ergeben, in den Kindergarten einbezieht. Der Kindergarten soll ein Ort der Kommunikation sein,

auch für Eltern und Außenstehende. Das wird der Medienerziehung dienlich sein, wobei sie, wie andere Zielsetzungen, nie von allen als gleich wichtig bewertet werden wird.

- Medienerziehung im Kindergarten bedeutet einerseits, die mediengeprägte Lebenssituation der Kinder durch medienbezogenes Handeln, Denken und Fühlen zum Ausdruck zu bringen und aufzugreifen; andererseits so zu arbeiten, daß im Kindergarten aktiv mit Medien umgegangen wird. Dazu muß Medienerziehung in allgemeine erzieherische Konzepte eingebunden werden.
- Die Formen der aktiven Medienarbeit sind vielfältig: Kinder und Erzieherinnen können Medien als Werkzeuge einsetzen, sie als Hilfsmittel verwenden, sich mit Inhalten und Situationen auseinanderzusetzen, um persönliche Erfahrungen zu erweitern und um sich auszudrücken. Aktive Medienarbeit mit Kindern durchzuführen heißt nicht, von der realen Lebenswelt abzulenken, sondern diese aufzugreifen und spielerisch zu bearbeiten, indem man sie abbildet, gestaltet und darstellt.
- Medienerziehung im Kindergarten heißt auch, bereits produzierte Medien einzusetzen, die für Kinder vertretbare Weltbilder vermitteln und ihnen Hilfen bieten, sich mit ihrer Lebensrealität auseinanderzusetzen.
- Medienerziehung bedeutet aber auch, Situationen im Kindergarten zu schaffen, in denen Eltern ihre Einstellung und den Umgang mit Medien reflektieren und erleben können. Hierzu zählen nicht nur Hilfen für den Umgang mit Medien im Alltag, sondern auch die Beratung der Eltern in Sachen Kindermedien: Fernsehprogramme, Hör- und Video-Cassetten, Bilderbücher, Spielzeug, Spiele und Multimedia.
- Wenn Medienerziehung kreativ gestaltet wird, entsteht im Kindergarten ein medienfreundlicher Spielraum, in dem Kinder die vielfältigen Formen von Medienumgang erproben und erleben. Das wiederum bedeutet: Erzieherinnen fördern

die Medienkompetenz, sie schaffen durch Medienerziehung Lebenshilfen für Kinder. Aus diesen Gründen kann der Kindergarten nicht zum medienfreien Raum erklärt werden.

- Wenn sich die Erwachsenen, insbesondere die kinderfreundlichen, den aktuellen medientechnischen und medienpolitischen Entwicklungen stellen und sich mit ihnen auseinandersetzen, erhöht sich die Chance, daß Medienerziehung nicht vorwiegend reaktiv sein wird.
  Vieles, was heute Medienalltag ausmacht, ist nicht vom Himmel gefallen, sondern das Resultat politischer und wirtschaftlicher Entscheidungen. Daß Erwachsene und Kinder beispielsweise privatrechtliches Fernsehen schauen können – und müssen –, verdanken wir einer veränderten Mediengesetzgebung. Und bereits bei deren Verabschiedung war klar, daß Sender, die sich durch Werbung finanzieren, diese ins Programm aufnehmen und bis an die Grenzen des Zulässigen ausschöpfen würden.
- Die Vermittlung von Medienkompetenz wird zunehmend auch von bildungspolitischer Seite gefordert. Die Jugendministerkonferenz 1996 befürwortete, die Medienerziehung bereits im Kindergarten beginnen zu lassen. Die Obersten Landesjugendbehörden fordern in ihrem Konzeptionsbericht „Medienpädagogik als Aufgabe der Kinder- und Jugendhilfe“ aktive Medienarbeit und:

  „... auch in Kindergärten, Fernseherziehung zu etablieren; aber auch der Umgang mit Kindercomputern sollte Gegenstand von Kindergärten werden.“

- Weiterhin aber wird eine verstärkte Öffentlichkeitsarbeit notwendig sein, um Erzieherinnen, Einrichtungsträgern, Lehrkräften und Eltern Notwendigkeit und Wichtigkeit einer aktiven Medienerziehung im Kindergarten zu vermitteln. Dafür müssen die Träger Einrichtungen und Ausbildungsstätten entsprechend ausreichend mit elektronischen Medien ausstatten.

- Die berufliche Fortbildung bietet die Möglichkeit, sich mit Medien, ihrer Entwicklung und den Aufgaben der Medienerziehung im Kindergarten auseinanderzusetzen. Insbesondere sollten auch von seiten der Erzieherinnen solche Fortbildungsmaßnahmen gefordert werden, die als medienpädagogische Projektarbeit in der eigenen Einrichtung stattfinden.

In den folgenden Kapiteln werden handhabbare Beispiele und Anregungen für eine kreative Arbeit mit Medien im Kindergarten vorgestellt, die in eine wahrnehmungs- und entwicklungsunterstützende Erziehung integrierbar sind.

3 Handlungsorientierte Anregungen für eine kreative Medienarbeit im Kindergarten

3.1 Mit Fotos und Dias

Kinder sind mit Bildern konfrontiert, lange bevor sie sprechen lernen, denn wir leben heute in einer Welt, deren Kultur außerordentlich bildbestimmt ist. Unser Alltag ist geprägt durch Bilder, die Fotografie, Film, Fernsehen und Video verbreiten. Eine wahre Bilderflut stürzt Tag für Tag auf uns und unsere Kinder ein, denn das Bild ist zu einem wichtigen Teil unserer Kommunikation geworden. Seien es Verkehrsschilder oder Bildschirme, Reklameflächen oder Zeitungen, sie alle liefern Bilder, die uns oft in Sekundenschnelle ihre Inhalte vermitteln. So werden wir einerseits durch Bilder informiert, andererseits aber auch manipuliert. Denn wie Worte können auch Bilder eine suggestive Kraft entfalten und uns überreizen. Das heißt für uns Pädagoginnen: Kinder müssen *sehen* lernen, so wie sie auch das Sprechen lernen müssen. Mit einem frühzeitigen visuellen Training können wir den Grundstein legen, damit Kinder kritisch urteilen lernen. Sie lernen nur dann wahrzunehmen und zu sehen, wenn wir es ihnen ermöglichen, sich intensiv mit ihrer Umwelt auseinanderzusetzen. Wenn Kinder diese intensive Auseinandersetzung erleben, dann werden sie auch angeregt, eigene Bilder zu schaffen und Spaß an anregenden und interessanten Bildern zu haben. Diese erzieherischen Aufgaben sind erste, aber wichtige Schritte, wenn wir erreichen wollen, daß Bilder nicht nur konsumiert, sondern als Weg der Mitteilung und Ausdrucksmöglichkeit verwendet werden.

Das für Kinder besonders attraktive und auffordernde Medium Fotografie läßt sich problemlos in den Kindergartenalltag einbeziehen. Durch spielerische Beschäftigungsformen können wir die Kinder anregen, die für sie oft neuen Geräte und Materialien kennenzulernen, mit ihnen umzugehen und sie zu nutzen. Die aktive Form des Bildschaffens ist durchaus eine Möglichkeit für Kinder, anderen Menschen mitzuteilen, was sie sich wünschen und wie sie sich fühlen. Und etwas real Existierendes zu fotografieren ist direkter, als es zu malen.

Kinder können auch mit Hilfe fotografierter Bilder Dinge kritisieren, mit denen sie nicht einverstanden sind; sie können sie aber auch verwenden, um das festzuhalten, was sie erleben und was sie erfreut.

Für uns Erwachsene bleibt es wichtig zu wissen, daß die von Kindern selbstgeschaffenen Fotos Äußerungen sind, die uns helfen können, die Kinder zu verstehen.

Wir bauen eine Lochkamera

Die Kamera ist das Werkzeug zum Fotografieren, die Werke, die wir damit schaffen, sind die fotografierten Bilder. Nun gibt es eine einfache Technik, mit deren Hilfe Kinder ihre ersten selbstgeschaffenen und durch Licht erzeugten Abbildungen erleben: die Lochkamera. Dieser dunkle Kasten ist die Grundform des Fotoapparats, die anschaulich fotografische Grundprinzipien aufzeigt.

Bauanleitung für eine Lochkamera

Dazu benötigen wir einen normalen Schuhkarton mit Deckel. Aus der schmalen Frontseite des Kartons wird ein Fenster ausgeschnitten, so daß nur noch ein Rahmen stehenbleibt. In diesen Rahmen kleben wir als Mattscheibe ein Stück Pergamentpapier ein. Mit einer dünnen Nadel stechen wir in die Mitte der gegenüberliegenden Schachtelseite ein kleines Loch.

Fotografieexperiment mit Kerze

Nun zünden wir eine Kerze an. Auf diese richten wir, in entsprechendem Abstand, die Lochseite unserer mit Deckel geschlossenen Schachtelkamera. Und was sehen wir? Die Kerze ist auf der Pergamentmattscheibe abgebildet. Im geheimnisvollen Dunkel funktioniert dieser Versuch am besten. Man kann dieses Kerzenbild auch so betrachten, wie früher die Fotografen fotografiert haben: Dazu verstecken wir unseren Kopf und die Pergamentmattscheibe unserer Lochkamera unter einem schwarzen Tuch.

Mit einer Lochkamera kann man sogar bleibende Abbildungen erhalten. Man legt hierzu aber in die Schachtel anstatt Pergamentpapier Fotopapier ein und darf deshalb kein Fenster hineinschneiden. Das Fotopapier muß lange genug belichtet und danach in der Dunkelkammer entwickelt werden. Da Licht das Fotopapier schwärzt, kann dieses aber nur im Dunkeln eingelegt werden (siehe Kapitel Fotogramme). Da die Belichtungszeit auch länger als 10 Minuten dauern kann, darf sich der abzubildende Gegenstand nicht bewegen. (Dieser Teil des Experiments ist allerdings nur für Schulkinder zu empfehlen.)

Den Kindern im Kindergartenalter kann man dagegen zeigen, daß die Lochkamera nur unscharfe Bilder abbilden kann, wenn das Loch größer gemacht wird.

Wie funktioniert nun das Ganze?

Das Loch in der Kamera ist mit unserer Pupille oder der Linse des Fotoapparats vergleichbar: Es läßt Lichtstrahlen einfallen und bildet das eingefangene Bild seitenverkehrt auf der Mattscheibe, bei unserem Auge auf der Netzhaut, in der Kamera auf dem Negativfilm ab. Anstelle eines kleinen Loches hat die Kamera eine Glaslinse im Objektiv, die ein scharfes Bild erzeugt. Ob das dann auch wirklich scharf wird, hängt davon ab, wie lange (Belichtungszeit) und wieviel (Blende und Blendenöffnung) Licht auf den Negativfilm fällt und wie lichtempfindlich er ist.

Fotoapparate im Kindergarten

Wie funktioniert eine Kamera?

Die Erfahrung mit der selbstgebauten Lochkamera weckt bei den Kindern die Neugier, einen richtigen Fotoapparat zu entdecken und kennenzulernen. Anhand einer einfachen Kamera erklären Sie den Kindern die wichtigsten Einzelteile:

- Das Objektiv ist das „Auge“ der Kamera.
- Die Blende im Objektiv kann wie die Pupille des menschlichen Auges unterschiedlich groß geöffnet und eingestellt werden. Die Blendenwerte werden mit Zahlen oder Symbolen (Sonne, Wolke) angegeben.
- Der Auslöser öffnet den Kameraverschluß – das ist das „Klicken“.
- Die Zeit (in Sekundenbruchteilen) gibt an, wie lange der Auslöser den Verschluß öffnet und Licht durch das Objektiv

auf den Film fällt. Man spricht deswegen von Belichtungszeit oder Verschlußzeit.

- Der Transporthebel transportiert den Film in der Kamera und spannt den Verschluß. Filme sind unterschiedlich lichtempfindlich. Sie sind die „Netzhaut“ des Fotoapparats und geben mit ihrer Lichtempfindlichkeit (in DIN, ASA oder ISO gemessen) den Ausschlag für die Belichtungszeit und die Blendenöffnung.
- Der Sucher ist das „Fenster“ der Kamera. Mit ihm wird der Ausschnitt gesucht, von dem man ein Bild machen möchte.

Ein Besuch beim Fotografen oder die Einladung an jemanden, der Fotografie als Hobby pflegt – vielleicht der Vater oder die Mutter eines Kindes –, läßt sich sinnvoll mit dieser Beschnupperungs- und Kennenlernphase verbinden. Eine Porträtaktion oder eine fotografische Dokumentation dieser Aktion bietet sich an.

Schattenrißfotos

Nachdem die Kinder die Kamera kennengelernt haben, sind sie natürlich hochmotiviert, selbst zu fotografieren.

Spielerische Vorübungen zum Fotografieren

Daß die Welt im Sucher der Kamera nur ausschnittweise erfaßt wird, erfahren sie auf eine einfache Art und Weise, indem sie
- durch ein leeres Diarähmchen
- oder durch ein stärkeres Stück Karton schauen, aus dem ein kleines Stück in Form eines Suchfensters ausgeschnitten wurde.

Gleichzeitig übt man, die Kamera ans Auge zu halten und dabei das andere Auge zuzukneifen. Die Kinder können diese Rähmchen auch über die Abbildungen in ihren Bilderbüchern bewegen und so Ausschnitte aus einer Gesamtabbildung schaffen. Dabei können sie überlegen, was sie davon am liebsten fotografieren würden.

Warum mit Silhouettenaufnahmen beginnen?

Die schwarzweißen Schattenrißfotos eignen sich als erste Aufnahmen besonders gut. Einerseits sind sie eine unterhaltsame Aktion, bei der sich das Spielen mit Licht und Schatten erleben läßt. Andererseits lassen sich damit viele Grundvoraussetzungen fürs Fotografieren üben:
- die Kamera waagerecht zu halten;
- den Bildausschnitt zu bestimmen;
- ohne Hektik alle erforderlichen Kameraeinstellungen zu tätigen;
- die Kamera ruhig auszulösen.

(Wie man Schattenrißfotos mit der Kamera aufnimmt, finden Sie im Kapitel 4.1 unter Zwerge.)

Eine einfache Variante, die fotografierten Schattenrisse im Miniformat auf Fotopapier zu bannen

- Wenn Sie den Schattenriß-Film entwickeln lassen, können die Kinder auf den Negativen sehen, daß ihr Kopf weiß und der Umriß schwarz ist.
  Durch die Transparentwand kam das Licht bis zum Film, außer an der Stelle, an der der Kopf das Licht am Durchscheinen hinderte. Daher hat sich der Film an dieser Stelle nicht geschwärzt, und der Kopf ist auf dem Negativ weiß abgebildet.
- Lassen Sie von den Negativen Abzüge auf Fotopapier machen, dann ist der Umkehreffekt genau zu erkennen: Was auf dem Film schwarz ist, wird auf dem Fotopapier weiß, was weiß ist, schwarz.
  Die Negativfilmstreifen legen die Kinder in der Dunkelkammer auf Fotopapier, darüber eine Glasplatte, und dann belichten sie das Ganze. Das Entwickeln des belichteten Fotopapiers ist im folgenden Abschnitt „Fotogramme" beschrieben. Diese Schattenrißfotos im Miniformat selbst herzustellen, ist für die Kinder eine spannende Aktion. So erleben sie, wie die fotografierten Bilder entstehen. Und die Frage: „Warum sind die Fotos sonst viel größer?" können sie plausibel beantworten: „Weil wir das Gerät zum Vergrößern der Bildnegative nicht im Kindergarten haben!" Wer weiß, vielleicht sind Sie und die Kinder inzwischen so begeistert vom Fotografieren, daß Sie sich einen Vergrößerungsapparat organisieren …

Fotogramme – Spiele mit Licht und Fotopapier

Fotografieren sind Ab-Bilder der Wirklichkeit. Sie werden mit der Kamera eingefangen und mit Hilfe der Fotochemie sichtbar gemacht und festgehalten. Dieses Sichtbarmachen von Abbildungen auf Fotopapier ist eine Aktivität, die Kinder sehr schätzen. Da sie in verdunkelten Räumen stattfindet und das Auftauchen der Abbildungen in der Entwicklerflüssigkeit oft mit Zauberei assoziiert wird, ist eine solche Aktion für Kinder eine Erfahrung mit großem und oft sehr lange nachwirkendem Erlebniswert.

Eine für das Kindergartenalter geeignete Methode, silhouettenartige Abbildungen auf Fotopapier herzustellen, sind die Fotogramme. Für diese Fotos ohne Kamera brauchen wir keine Negativfilme und keine perfekte Dunkelkammerausrüstung, denn sie sind mit einfachen Mitteln zu produzieren. Fotogramme sind der Einstieg in die Erfahrung, daß Abbildungen reproduzierbar sind. Sie führen die Kinder in das Geheimnis ein, wie man die mit der Kamera auf Negativfilm festgehaltenen Bilder auf lichtempfindlichem Fotopapier sichtbar machen und festhalten kann. Gleichzeitig erleben die Kinder bei der Tätigkeit in der „Dunkelkammer", wie man Bilder und Bildflächen beim Abbilden, also später auch beim Fotografieren, gestalten kann.

Was braucht man, um Fotogramme anzufertigen?

Raum und Licht: Da Fotopapier lichtempfindlich ist, muß der Arbeitsraum total verdunkelt werden (Fenster mit schwarzer Plastikfolie abkleben oder mit schwarzen Tüchern oder Teppichen zuhängen). In vielen Einrichtungen ist der Waschraum geeignet, da er oft die kleinsten Fensterflächen und auch den nötigen Wasseranschluß hat und gut zu reinigen ist. Neben der normalen Raumbeleuchtung benötigt man eine Dunkelkammerlampe. Das heißt, daß zum Beispiel in eine Klemmlampe eine Rot- oder Gelblichtglühbirne eingeschraubt wird, da Fotopapier bei ausreichendem Sicherheitsabstand (mindestens 1,50 m) nicht darauf reagiert. Als Lichtquelle für die Belichtung des Fotopapiers dient eine Lampe mit einer Glühbirne (circa 60 Watt). Damit das Licht nicht so weit gestreut wird, sollte sie einen engen Lichtkegel haben; besonders geeignet ist ein Spot.

Verbrauchsmaterialien:
- Schwarzweiß-Fotopapier; PE-Papier in einer harten Papiergradation (3 oder 4) im Format 13 x 18 cm, pro Kind mindestens 5 Blatt;
- Entwicklerlösung für Fotopapier (Konzentrat für 2 Liter);
- Fixierer (Pulver oder Konzentratslösung für 2 Liter);
- Essigessenz.

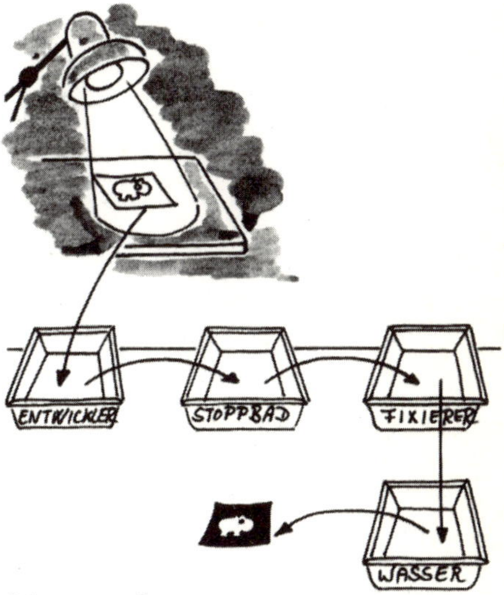

Naßplatz:
- 3 Fotoschalen, etwa 18 x 24 cm groß, in 3 verschiedenen Farben;
- 3 Papierzangen, die mit den Farben der Schalen gekennzeichnet sind. Diese dürfen immer nur in den Schalen mit der gleichen Farbe verwendet werden.

Wie man Fotogramme herstellt

1. Geeignete Objekte sammeln: Und dies ist eine grundlegende Voraussetzung für eine kreative und intensive Aktion, insbesondere mit Kindern im Vorschulalter. Das sind zum Beispiel: getrocknete und gepreßte Blätter und Gräser, Federn, Knöpfe,

Schere, Kettchen mit Anhänger, Zahnstocher, Büroklammern, Wäscheklammern, Schlüssel, Schrauben, Muttern, kleine Spielzeugfiguren aus Holz, Muggelsteine oder andere Legematerialien, kleine Glitzersterne. Aus schwarzem Tonpapier kann man die gewünschten Figuren ausschneiden. Gardinen- oder Spitzenstoffe, Mull und Tüll sowie Netze, in denen Zitrusfrüchte abgepackt sind, ergeben Strukturen. Durch Folien, die man mit Overheadstift beschriftet, lassen sich Texte aufs Fotopapier belichten. So können Einladungs- oder Grußkarten gestaltet werden.

2. Naßplatz aufbauen: In die erste Schale kommt der Entwickler, in die zweite das Stoppbad (Wasser und ein Schuß Essig), in die dritte das Fixierbad. Am Naßplatz neben der Entwicklerschale wird die Gelb- oder Rotlichtlampe installiert. Im Waschbecken oder in einer großen Schüssel ist genügend Wasser für die Schlußwässerung. Diese sollte unter fließendem Wasser stattfinden.

3. Belichtungsplatz aufbauen: Er sollte nicht auf demselben Tisch wie der Naßplatz stehen. Der Klemmspot oder die Tischlampe mit der normalen Glühbirne zum Belichten steht hier, die Schachtel mit dem Fotopapier und die Fotogrammsammelsurien liegen bereit.

4. Jetzt kann es losgehen: Das rote oder gelbe Dunkelkammerlicht wird ein-, die Raumbeleuchtung ausgeschaltet.

5. Belichten: Nun wird ein Blatt Fotopapier aus der Schachtel genommen, die unbedingt gleich wieder lichtdicht verschlossen wird. Das Blatt wird mit der beschichteten Seite nach oben unter die Tischlampe gelegt. Die Erzieherin sollte den Kindern anhand eines Probestreifens zeigen, daß eine kurze Belichtungszeit einen hellen Grauton ergibt und das Fotopapier um so schwärzer wird, je länger das Licht auf das Papier fällt. Zur Herstellung

des Probestreifens nimmt man einen schwarzen Pappstreifen und deckt zwei Drittel des Papiers ab. Circa 1 Sekunde wird das Licht ein- und dann wieder ausgeschaltet. Danach nur noch ein Drittel des Fotopapiers mit der Pappe abdecken und wieder 1 Sekunde belichten. Jetzt den Pappstreifen wegnehmen und die gesamte Fläche erneut 1 Sekunde belichten. Ein Drittel des Fotopapiers wurde also 3 Sekunden, ein weiteres 2 Sekunden und das letzte Drittel 1 Sekunde lang belichtet. Nun stellt man fest, ob eine der Belichtungszeiten ausreicht oder ob man noch einen Probestreifen mit 4 oder 5 Sekunden herstellen muß. Dann legt ein Kind seine Hand auf das Fotopapier, das ausreichend lange belichtet wird. Diese Zeiten gelten für die meisten gängigen PE-Papiere.

6. Entwickeln, Zwischenwässern, Fixieren, Schlußwässern und Trocknen: Das belichtete Fotopapier wird jetzt mit der Zange in den Entwickler gelegt und etwa 2 bis 3 Minuten hin und her bewegt. Und nun passiert das „Wunderbare“: Die Kinderhand zeigt sich auf dem Fotopapier im Entwickler. Da, wo sie das Papier abgedeckt hat, bleibt es weiß, dort, wo das Licht auf das Papier fiel, färbt dieses sich schwarz.

Mit der Zange nehmen wir das Bild aus der Entwicklerschale, lassen es abtropfen und transportieren es ins Stoppbad, wo die Entwicklung unterbrochen wird. Kurz hin und her schwenken, aber bitte mit der Zange vom Stoppbad, dann über der Wanne abtropfen lassen und das Bild in den Fixierer legen, ohne mit der Stoppbadzange damit in Berührung zu kommen. Hier wird es versiegelt: Wenn es jetzt dem Licht ausgesetzt wird, reagiert es nicht mehr mit Schwärzung. Die auf dem Beipackzettel angegebene Zeit für das Fixierbad darf nicht unterschritten werden, sonst ist das Bild nicht lichtecht. Zum Schluß wird das Bild etwa 2 Minuten lang in fließendem Wasser gewässert und dann auf Tücher oder Zeitungspapier zum

Trocknen gelegt. Immer dran denken: Wenn belichtet, gewässert und fixiert oder neues Fotopapier aus der Schachtel genommen wird, darf nur das rote oder gelbe Dunkelkammerlicht brennen und keine Raumbeleuchtung eingeschaltet werden!

Zur methodischen Arbeit

Sicher ist es nicht sinnvoll, diese Dunkelkammer-Abenteuer mit mehr als fünf Kindern auf einmal durchzuführen. Auch sollte man nicht länger als eine halbe Stunde am Stück arbeiten. Die Gestaltung der Fotogramme kann sehr vielfältig sein: Gesichter können gelegt, Landschaften gestaltet werden. Naturmaterialien können sehr kreativ ins Spiel gebracht werden, denn beim Gestalten der Fotogramme können die Kinder viel Phantasie entwickeln. Wenn Objekte nicht plan liegen, empfiehlt es sich, sie durch eine darübergelegte Glasplatte zu belichten.

Die Produktionen der Kinder können beispielsweise zu Lesezeichen und Karten weiterverarbeitet werden. Man kann mit ihnen aber auch Bilderbücher produzieren und Ausstellungen veranstalten. Eine Wäscheleine samt Wäscheklammern ergibt die Galerie zum Ausstellen, vielleicht werden die Objekte auch gerahmt oder aufgezogen.

Nach einer Experimentierphase ist es anregend, mit den Kindern thematisch zu arbeiten: Winterbilder, Unterwasserbilder, Zoobesuch, Bilder aus dem Nähkasten, die Arche Noah und ähnliche Themen regen zur Gestaltung mit Formen und Gegenständen an.

Wußten Sie, daß Fixierer und Entwickler zur Umweltentlastung bei der Schadstoffsammelstelle abgegeben werden? Dafür sollten Sie die Bäder getrennt aufbewahren.

Memory mit Fotogrammen

Mit kleinen Holzspielzeugen können schon Fünfjährige erfolgreiche Erlebnisse mit dieser Abbildungstechnik erfahren. Bei vielen Fotogrammexperimenten haben die Kinder sehr gerne auf einfache Art und Weise in Gemeinschaftsarbeit ein Memory gestaltet: Von 15 bis 20 Holztierchen werden doppelte Fotogramme produziert und zum Bespielen auf festen Karton aufgezogen. Und es ist interessant zu erleben, welche besondere Verbindung die Kinder beim Spielen mit ihrem „selbstfotogrammierten“ Memory haben, wie eine kleine fünfjährige Fotografin es nannte.

Mit den älteren Kindern kann man beim Herstellen von Memory auch mit der Umkopiertechnik arbeiten: Fotogramme sind in gewissem Sinne „Negative“. Um dann ein „Positiv“ zu

erhalten, macht man eine Umkopie von Fotopapier auf Fotopapier. Dann hat man beispielsweise das Kamel oder den Hund einmal weiß mit schwarzem Hintergrund und einmal schwarz mit weißem Hintergrund, was den Reiz des Memorys natürlich noch erhöht.

Wie funktioniert das Umkopieren?

Wenn das Fotogramm fertig getrocknet ist, legen wir es Schicht auf Schicht, also mit der Bildseite auf die Schichtseite des noch unbelichteten Fotopapiers. Dann kommt eine Glasplatte darüber, so daß beides plan liegt und engen Kontakt hat, wenn es ca. 15–40 Sekunden, je nach Lichtstärke und Dicke des Fotopapiers, belichtet wird.

Kinder fotografieren und spielen mit Fotos

Sicherlich werden Sie und die Kinder nach dem spielerischen Kennenlernen der fotografischen Abbildungsmethoden weitere Erlebnisse und Erfahrungen damit machen wollen.

Dazu bieten Kinder und Umwelt mannigfach Anregungen zum Fotografieren an. Die Lust der Kinder, selber Bilder zu schaffen, ist oft nach einem fotografischen Starterlebnis angeregt und wird immer wieder dafür sorgen, daß Ihnen von seiten der Kinder neue Ideen vorgeschlagen werden. Durch die visuelle Wahrnehmung, die jedem Bildschaffen vorausgeht, setzen sich die Kinder mit ihrer Lebenswelt auseinander, sie schauen hin, hören zu und werden aktiv.

Für die Umsetzung Ihrer Vorhaben sollten Sie kindgerechte Kameras auswählen, die einfach zu bedienen sind.

Die folgenden Praxisanregungen sollen Ihnen helfen, sich die Vielfalt der fotografischen Einsatzmöglichkeiten im Kindergarten vorstellen zu können. Sie sind im Prinzip mit Schwarzweiß- oder Farbfilmen durchführbar. Bei den meisten ist selbst die Arbeit mit der Polaroid-Kamera (Sofortbildkamera) möglich, was allerdings erheblichen finanziellen Mehraufwand bedeutet. Sicherlich hängt die Entscheidung für ein Verfahren zum einen von Ihrer persönlichen ästhetischen Empfindung ab, und zum anderen davon, welche technischen Möglichkeiten sich Ihnen bieten. Wenn Sie die Möglichkeit der Schwarzweiß-Vergrößerung haben, ist es sicher für die älteren Kindergartenkinder ein großes Erlebnis, diese Laborarbeiten einmal mitverfolgen und mitgestalten zu können. Übrigens können auch alle Schwarzweißbilder mit einfachen Mitteln nachkoloriert werden: mit Filzstiften, Leucht-Markern oder mit speziellen, im Grafikhandel erhältlichen Eiweißfarben. Dadurch lassen sich ganz besondere Effekte erzielen, und den Kindern macht diese kreative Kolorierung besonderen Spaß (Hersteller: Schmincke).

Fotospiele

Jedes Kind in der Gruppe überlegt sich einen Gegenstand, der ihm wichtig ist, weil es ihn beispielsweise gerne hat. Das kann etwas sein, was es zu Hause, draußen oder im Kindergarten gibt. Danach wird für jedes Kind ein Set von drei Fotos aufgenommen: Eines vom Kind allein, eines vom Gegenstand, beispielsweise einem Spielzeug, und eines vom Kind mit dem Gegenstand. Die Kinder können sich gegenseitig fotografieren. Am besten im Abstand von 1 bis 3 m, aus Augenhöhe oder ein wenig darunter. Nach der Entwicklung werden die Papierabzüge auf Karton geklebt. Die Erzieherin kann unter das Bild *Kind/Gegenstand* nach Angaben des Kindes schreiben, warum es diesen Gegenstand ausgewählt hat.

- Die Fotos *Kind/Gegenstand* werden an die Wand gehängt. 5 bis 8 Kinder spielen mit den Fotos *Kind* und *Gegenstand* und legen Zusammengehöriges paarweise ab. Die Fotos an der Wand dienen zum Vergleich.
- Die Fotos *Gegenstand* und *Kind* liegen verdeckt auf dem Tisch. Man dreht sie um, merkt sich, wo sie liegen, und ordnet die zusammengehörigen Bilder zu.
- Lottospiel: Die Fotos *Kind/Gegenstand* werden im Rechteck angeordnet. Die entsprechenden zwei Fotografien *Kind* und *Gegenstand* werden darauf abgelegt.
- Mit dem Cassettenrecorder nehmen die Kinder ihre gesprochenen Kommentare zu den Fotos auf: „Ich wohne in der Blumenstraße. Auf dem Arm habe ich meinen Teddybär. Erkennt ihr mich jetzt?“ Nun hören die Kinder dieser Cassettenaufnahme zu und versuchen, die Bilder dem Gesprochenen zuzuordnen.

Fotosuchbilder

Ein Tisch wird zur Fotografierbühne: Der Rabe Rudi liebt Glitzersachen und hat eine Schatzsammlung zusammengeklaut. Diese Szene wird von den Kindern arrangiert und fotografiert. Dann geht die Geschichte weiter: Er hat einem kleinen Mädchen sechs Dinge davon verschenkt, oder ein paar Dinge sind verschwunden, oder welche fünf Schätze sind dazugekommen, oder was ist jetzt anders? Unter einem dieser Blickwinkel kann das zweite Bild vorbereitet und ebenfalls in Nahaufnahme fotografiert werden.

Zwei bis drei Kinder können sich zusammen überlegen, was für ein Fotorätsel sie gerne machen möchten. So entsteht aus den Ideen der Gruppe ein Rätselbuch. Zusammen mit den Kindern können Sie sich bei der Bildgestaltung der Rätselgeschichten durch Ereignisse und Feste des Kindergartenjahres inspirieren lassen. Vieles kann auch aus Naturmaterial arrangiert werden (Kastanien, Steine, Blumen), Geschichten im Schnee, märchenhafte oder phantastische Szenarien sind denkbar. Die Kinder oder Puppen und Spieltiere können mit ins Foto einbezogen werden.

Die Themen der Fotorätsel werden am besten zusammen mit den Kindern entwickelt. Es macht viel Spaß, sich Geschichten oder Bilder auszudenken, die man dann zusammen umsetzen kann. Fotosuchbilder fotografiert man aus Gründen des Wiedererkennungswertes mit Farbfilmen und achtet auf eine gegliederte, übersichtliche Anordnung der Dinge. Wenn von vorne fotografiert wird, können zwei Kinder ein farblich passendes Tuch als Hintergrund halten. Wenn von oben, als Draufsicht fotografiert wird, liegen die Objekte auf dem Tuch.

Fotopuzzle

Lassen Sie ein gut belichtetes Foto der Kindergruppe in einem Fotofachgeschäft vergrößern und daraus ein Puzzle herstellen.

Diese Fotopuzzles gibt es oft im Angebot. Ein solches gruppeneigenes Puzzle ist für die Kinder attraktiver als ein gekauftes.

Fotomemory – Mit und ohne Hut

Das ist eine Fotospielvariante, die der kindlichen Verkleidungs- und Spiellust entgegenkommt und die – mit einer originellen Sammlung von Kopfbedeckungen – eine sehr interessante Memoryproduktion verspricht. Viele Hutmodelle lassen sich aus Papier falten oder aus diversem Bastelmaterial herstellen.

Jedes Kind der Gruppe sucht sich einen Hut, eine Kappe, Mütze oder eine andere Art von Kopfbedeckung aus und wird einmal mit und einmal ohne diese fotografiert. Die Papierbilder werden auf Karton oder quadratische Blanko-Bierfilze geklebt. Wenn man gemeinsam verglichen hat, auf welchen Bildern dasselbe Kind zu sehen ist, kann man mit mindestens 29 Paaren nach Memoryregeln spielen. Falls Sie das Spiel „Hand in Hand" (von Selecta) im Kindergarten haben, können sie mit den Fotos ein Würfelspiel machen: Der Symbolwürfel zeigt einen Jungen und ein Mädchen, einmal mit und einmal ohne Hut. Damit können die Kinder aus ihren Fotos eine Bilderschlange nach den erwürfelten Symbolen legen.

Ein solches Memory kann auch mit Verkleidung oder Schminke fotografiert werden.

Bildergeschichten

Täglich erfahren Kinder Begebenheiten, die mit einigen Bildern zu erzählen und auszudrücken sind. Die besten Ideen für Fotogeschichten schöpfen sie aus ihrer eigenen Lebenswelt. Der Weg zum Kindergarten, der tägliche Einkauf, Erlebnisse auf dem Spielplatz, meine Umwelt, mein Zuhause, meine Freunde, wovor ich Angst habe – das sind reale Ausschnitte aus dem Alltag von Kindern und aufgreifenswerte Themen, die sie fotografisch gestalten und damit reflektieren und bearbeiten können. Auch der

Kindergarten selbst bietet sich an: eine Fotogeschichte über Raum, Personen und Spieldinge. Beispielsweise für die Oma, die den Kindergarten gar nicht kennt. Sie können auch jedes der Kinder „sein“ Motiv im Kindergarten oder zu Hause aussuchen und fotografieren lassen und schreiben unter die Bilder, warum die Kinder gerade diese Motive gewählt haben. Wenn Sie daraus ein Bilderbuch produzieren, haben die Kinder einen Gestaltungsprozeß miterlebt und ein in sich abgeschlossenes Werk geschaffen.

Fotogeschichten können auch leporelloartig als Bildstreifen aufgeklebt werden und deuten hierdurch einen Bezug zum Film an, der auch aus Einzelbildern besteht. Die Kinder erfassen damit, daß die Abfolge und Aussagen mehrerer Abbildungen eine Bildgeschichte ergeben. Verständlich wird für sie auch, daß die Umsetzung eines realen zeitlichen Ablaufs, zum Beispiel Einkaufen oder einen Tagesablauf berichten, zu einer Folge von Bildern verdichtet werden muß, um dem Betrachter durch ein Medium vermittelt werden zu können.

Fotos als Dokumente

Die Entwicklungen und Veränderungen eines Baumes übers Jahr zu beobachten, bietet die interessante Verbindung, im Spiel mit der Fotografie die Natur zu entdecken. Apfel- oder Kastanienbäume eignen sich besonders, um den Rhythmus der Jahreszeiten eindrucksvoll zu dokumentieren. Im Februar beginnt man mit dem kahlen Baum, fotografiert ihn wieder, wenn er Blätter bekommt, blüht, wenn sich aus den befruchteten Blüten kleine Früchte bilden, die Früchte reifen, die Blätter verfärben, abfallen und schließlich wieder in seiner Winterruhe. Dabei kann man jeweils die Gesamtansicht (auch Totale genannt) fotografieren und zusätzlich auch ins Detail gehen, indem man beispielsweise einen Ast, die Blüte oder den Apfel fotografiert. Ergänzend können die Kinder dokumentieren, was man mit Äpfeln alles kochen kann, wie sie verkauft werden oder was man aus den Kastanien basteln kann. Im Kalender sollten Sie eintragen, wann die Fototermine sind, und für die Fotografien eine Sammelmappe anlegen. Diese Fotodokumentationen sind auch eine verbindende Gemeinschaftsarbeit für die Kindergruppe.

Weitere Themen, die man so aufgreifen kann, sind Produktions- und Verbraucherketten: vom Baum zum Schrank, vom Korn zum Brot.

Ein paar Tricks zum Fotografieren

Die diversen Einstellungen beim Fotografieren lassen sich anhand der Bildergeschichten ganz natürlich üben und nebenher besprechen. Ein Foto kann immer nur einen Ausschnitt der wahrnehmbaren Wirklichkeit abbilden. Mit Nahaufnahmen beispielsweise heben wir einen bestimmten Teil aus dem Ganzen heraus. Wenn man in die Hocke geht und von unten aus der Froschperspektive fotografiert, sieht ein Mensch mächtig und manchmal sogar bedrohlich aus, weil er das Bild ganz ausfüllt. Fotografieren wir ihn aber von oben herab, wirkt er ganz anders: klein und vielleicht etwas verloren. Das sind Tricks, wie sie auch im Fernsehen verwendet werden. Wenn ein Kind mit einer Gießkanne auf einer Leiter steht, darunter ein anderes mit einem Regenschirm, der beregnet wird, dann können Sie auf kindgemäße Art und Weise den Begriff Manipulation erfahrbar machen: Ein fotografierter Bildausschnitt zeigt nur das Kind mit Regenschirm und gaukelt dem Betrachter vor, daß es angeblich regnet.

Wenn Sie mit Kindern fotografieren, sollten Sie höher empfindliche Filme bevorzugen: 200 ASA/24 DIN oder 400 ASA/27 DIN. Damit bekommen Sie kurze Belichtungszeiten und entgehen der Gefahr von verwackelten Aufnahmen. Das Einlegen, Rückspulen und Entnehmen des Films sollten die Erwachsenen ebenso übernehmen wie die Einstellung der Filmempfindlichkeit. Falls die verwendete Kamera keine Belichtungsautomatik besitzt oder nicht über eindeutige Symbole zur Einstellung der Zeit-Blenden-Kombination verfügt, sollten die Einstellungen, die die Kinder wählen, von einem Erwachsenen nachgeprüft werden. Zumindest zu Beginn des Fotografierens sollte man diese prüfen, sonst ist die Enttäuschung der Kinder riesengroß, wenn nachher auf dem Film nichts zu erkennen ist.

Bilderbuch-Kino

„Das Bilderbuch will ich sehen. Aber in der Maschine, wo man die Dias reinmacht und vorne das Licht und das Bild ins Dunkle rauskommen." Kinder sind erfahrungsgemäß fasziniert, wenn sie im Bilderbuch-Kino die grundlegende Besonderheit des Mediums Dia erleben: Ein Bild wird mit Licht projiziert, es wird zum „Licht-Bild". Das Dia besticht durch leuchtende und brillante Farbwiedergabe, wie sie kein Papierbild, geschweige denn ein Fernsehbild, bieten kann. Was man sieht, ist um ein Vielfaches vergrößert wiedergegeben. Das wirkt sich ebenso positiv auf die Wahrnehmung wie auf die Deutlichkeit und Schärfe der Abbildung aus.

Bilderbuch-Kino ist ein Ereignis, eine Geheimnis verheißende Besonderheit, mit der sich auch ein wonniges Wohlgefühl verbinden läßt. Dunkle Kino-Atmosphäre, Geschichten miterleben, zusammenhocken und vor allem richtig in die Bilder eintauchen können – das hat für Kinder auch in Zeiten von Internet und Cyberspace seinen ureigenen Reiz.

Daß die Dia-Serie die Bilder aus dem jeweiligen Buch groß an die Wand zaubert und diese von vielen Kindern betrachtet werden können, ist ein unschätzbarer Vorteil dieser Methode. Beim gemeinsamen Anschauen der Bilder können Sie die Geschichte frei erzählen und dabei auf die Erkenntnisse, Bemerkungen und Erläuterungen der Kinder eingehen. Der Text kann auch mit verteilten Rollen gelesen oder von den Kindern erzählt werden. Die Geschichte können die Kinder beispielsweise auch selbst vertonen: mit Orff-Instrumenten oder mit selbsthergestellten Musikinstrumenten. Wenn solche Ton-Spuren auf dem Cassettenrecorder aufgezeichnet werden, hat man eine Ton-Dia-Schau, die die Kinder immer wieder vorführen und betrachten können.

Viele bekannte und bewährte Bilderbuchtitel sind als Dia-Serien erhältlich und lassen sich als Bilderbuch-Kino vorführen:

Titel	Thema
Abschied von Rune	Tod
Alle nannten ihn Tomate	Obdachlosigkeit
Alles total geheim	Arbeitslosigkeit
August und das rote Ding	Clown, Zirkus
Das Abenteuer	Mutiges Mädchen
Das Weihnachtswunschtraumbett	Wünsche, Konsum
Die Nacht der Wunder	Dreikönige
Die sieben Raben	Märchen
Ein Buch für Bruno	Abenteuer Lesen
Eine Geburtstagstorte für den kleinen Bären	Feiern
Es klopft bei Wanja in der Nacht	Friedenserziehung
Felix, Kemal und der Nikolaus	Interkulturelle Erziehung, Nikolaus
Fünfter sein	Ein Wartezimmergedicht
Irma hat so große Füße	Hexe
Lorenz ganz allein	Großwerden
Mäusemärchen – Riesengeschichte	Freundschaft
Na warte, sagte Schwarte	Hochzeitsfest
Papa!	Ungeheuer, Angstbewältigung
Pernix	Dinosaurier
Pin Kaiser und Fip Husar	Freundschaft, Individualität
Wo die wilden Kerle wohnen	Wut überwinden
Warten aufs Christkind	Vorweihnachtszeit

Bei den Stadt-, Kreis- und Landesbildstellen und bei den Evangelischen und Katholischen Medienzentralen können Sie die Dia-Serien ausleihen. Die Bildstellen sind unterschiedlich sortiert. Anschriften finden Sie im Verleih-Verzeichnis.

Schattenspiele

Jede Diavorführung regt Kinder zum Schattenspiel an. Nutzen Sie diese ideale Möglichkeit, um mit den Kindern Tierschatten mit Hilfe der Hände zu produzieren. Der lichtstarke Projektor läßt sich auch optimal zum Schattenspiel nutzen, wenn man eine Leinwand oder ein Laken von hinten anstrahlt und die Kinder zwischen dem Projektor und der Leinwand spielen, beispielsweise Personenraten anhand von Schattenumrissen.

Wir stellen eine eigene Diageschichte her

Dazu zerlegen Sie mit den Kindern den Handlungsablauf einer Geschichte oder eines Märchens in eine Bildabfolge. Am besten schreiben Sie die Szenen der einzelnen Bilder auf, numerieren diese durch und legen verschiedene Spalten an, um den Überblick zu haben, wer was mit welchen Requisiten an welchem Ort darstellt. Wenn dies geklärt ist, werden die Szenen gespielt und mit einem Dia-Film fotografiert. Sinnigerweise sollte man sich bei der Arbeit mit Kindern im Kindergartenalter auf circa 15 Fotos beschränken.

Eine weitere Möglichkeit bietet sich, indem die Kinder die Einzelbilder der Geschichte malen und diese mit einem Diafilm abfotografiert wird.

Wenn Sie für den Eigengebrauch ein Bilderbuch als Bilderbuchkino vorführen möchten, können Sie auch die Bilder einfach mit einem Dia-Film abfotografieren. Am besten gelingt dies ohne große Apparatur an einem mäßig bewölkten Tag im Freien.

Eine Diageschichte wird vertont

Zu den Lichtbildern, wie die Dias früher genannt wurden, können Kommentare und Texte, Musik und Geräusche auf ein Cassettenband aufgenommen werden. Dadurch erhalten die Bilder eine andere und intensive Wirkung. Die Kinder erleben, daß Ton und Bild eine Einheit ergeben, und nehmen oft mit Zufriedenheit zur Kenntnis, daß es „jetzt fast wie im Fernsehen ist“. Auch bei dieser Produktion sollten Sie ein kleines „story-board“, die schriftliche Gedächtnis- und Herstellungshilfe, notieren. Dann wissen Sie und die Kinder, wer beispielsweise zu Bild 2 den Teddy brummen läßt, welche Musik sich an diese Töne anschließt, und was der Junge auf dem Bild sprechen wird.

Wie man Dias ohne Fotoapparat selbermachen kann!

Diarahmen mit Glasträger eignen sich für vielerlei selbstgestaltete Bilder. Hier einige Vorschläge, die sich mit älteren Kindern umsetzen lassen:

- *Rußbilder:* Hierzu wird ein herausgenommenes Diaglas über einer Kerzenflamme eingerußt. Auf der geschwärzten Fläche kann mit einem Zahnstocher gezeichnet werden. Das gezeichnete Dia kommt mit der gerußten Seite nach innen in den Rahmen zurück. Gemeinsam können die Kinder Geschichten darstellen, die dann mit dem Projektor vorgeführt werden: die Arche Noah, im Zoo oder im Zirkus, ein Märchen. Die Jüngeren können einen Fingerabdruck in der Rußfläche produzieren oder einfache Bildsymbole zeichnen.
- *Objektbilder:* Verschiedene Materialien werden zwischen die Glasträger gelegt und betrachtet: kleine Gräser, Federn, gepreßte Blumen und Blätter, Salz, Pfeffer, Zucker, Kaffee, Mull, Transparentpapier. Klebstoff (UHU) und Flüssigkeiten beginnen zu fließen und bewegen sich bei der Vorführung auf der Leinwand. Besonders gut funktioniert das, wenn Wasser und Öl aufeinandertreffen. Gibt man einige Körnchen Salz oder Zucker in ein mit transparenten Glasmalfarben bemaltes Glasdia, dann fließen die Farben durch die Wärme, die der Diaprojektor bei der Vorführung produziert, in ständig neuen Formen ineinander.
- *Malbilder:* Mit feinen, wasserlöslichen Overheadstiften können die Kinder auf Glasdias malen, was allerdings eine gut

entwickelte Feinmotorik erfordert. Für Vorführungen am Elternabend können Sie so Titel für die Produktionen der Kinder beschriften.

Zur methodischen Arbeit

Der verdunkelte Raum, den die Diaprojektion erfordert, macht sicherlich eine besondere Faszination dieses Mediums aus. Die Größe der Abbildung, die die Projektion ermöglicht, zieht die Kinder ebenfalls in ihren Bann. Oft habe ich erlebt, daß die jüngeren Kinder aus der Gruppe zur Leinwand laufen und versuchen, nach Personen und Gegenständen zu greifen. Ältere Dia-Projektoren, die noch nicht über einen Schacht für Magazine verfügen, sind besonders für den Einsatz im Kindergarten geeignet, aber auch stabile Geräte mit Magazinen können Kinder nach Einweisung und Erprobung in Zweiergruppen selbständig bedienen.

Zur Einführung in den Umgang mit dem Diaprojektor sind auch Diabetrachter geeignet. Mit ihrer Hilfe können die Kinder Dias zwar nicht vergrößert, dafür aber bei Tageslicht betrachten. Wenn Sie den Kindern einen solchen Diabetrachter dauerhaft zur Verfügung stellen, erweitern Sie Ihre Möglichkeiten beträchtlich, Bilder in ihrer Vielfalt für Ihre pädagogische Arbeit einsetzen zu können. Versuchen Sie, das Bildangebot bei circa 10 Dias einzupendeln. Das können zum Beispiel Bilder von Tieren, Situationen, Menschen, Landschaften, fremden Ländern, Blumen oder Babybilder der Kinder sein. Natürlich kann man auch ein spontan entstehendes Informationsbedürfnis oder die allgemeine Wißbegier der Kinder mit einer solchen Auswahl von Dias zufriedenstellen. Einführen können Sie die Serien mit dem Projektor, da Sie dann den medienspezifischen Vorzug nutzen, daß alle Kinder auf einmal die Bilder betrachten können. Für die Zusammenstellung von Kleinserien kann man gezielt selbst fotografieren oder die Dia-Serien der Bildstellen verwenden. Bewährt hat es sich, bei der medienpädagogischen Arbeit mit Dias die Eltern der Kinder einzubeziehen. Wenn Sie Ihre Diasammelabsichten bekanntgeben, werden erfahrungsgemäß viele Mütter und Väter Sie unterstützen. Dafür sorgen auch die Kinder, die Dias immer wieder aufs neue betrachten wollen. Im Kindergarten mit diesem Medium zu arbeiten, fördert die bewußte Wahrnehmung der Kinder ebenso wie ihre sprachliche Ausdrucksfähigkeit, wenn sie beispielsweise über die Bilder erzählen üben.

Tips und Praxisliteratur

Natürlich gibt es genügend Möglichkeiten, in Kursen das Fotografieren und Entwickeln von Bildern zu lernen und zu perfektionieren. Für Ihr experimentelles Arbeiten mit Kindern genügen aber durchaus die Lust und das Interesse an neuen Erfahrungen. Spezielle Angebote für die fotopädagogische Arbeit mit jüngeren Kindern gibt es leider nur selten.

Im Anhang finden Sie Bezugsquellen für Materialien und Ansprechpartner für Fragen der Geräteanschaffung und methodischen Durchführung.

Derzeit ist im Handel kein spezielles Foto-Fachbuch für die Arbeit mit jüngeren Kindern erhältlich. Viel Gesprächsstoff und originelle Bilder bietet aber „Klick, ich hab dich“ von Marije van der Hoeven, erschienen im Elefanten Press Verlag, Berlin 1996. Ein außergewöhnliches Buch zum Angucken und Lesen und als Ermunterung, selber loszugehen und Fotos zu machen – nicht nur für Kinder ab 7 Jahren.

Foto-Bilderbücher:

- „Das Apfelmäuschen“ von Ulrich Thomas/Mathilde Reich. Kinderbuchverlag Luzern, 21. Aufl. 1995.
- „Das Zwergmäuschen“ von Ulrich und Alexandra Thomas. Kinderbuchverlag Luzern, 1995.
- „Kinder aus aller Welt“ von Barnabas und Anabel Kindersley. Loewes Verlag, 1995.
- „Baby strahlt, Baby weint“ von David Ellwand. Moritz Verlag, 1997.

3.2 Mit Hör-Cassetten, CDs und Cassettenrecorder

Der Audio-Markt fürs Kind

Daß Kinder gerne Erzählungen lauschen und Geschichten zuhören, ist bekannt. Heutzutage werden diese für viele Kinder hauptsächlich von der „elektronischen Großmutter", wie die Hörcassetten oft bezeichnet werden, geliefert. Per Knopfdruck klingen dann die tönenden Botschaften aus der Welt der Tonträger in die Kinderohren: „Trörö-trörö", grüßt der marktführende Benjamin Blümchen, gefolgt von Bibi Blocksbergs Hexeneskapaden und den jeweils aktuellen, immer rascher wechselnden Serienhelden. Einen kometenhaften Aufschwung haben die Kindertonträger hinter sich, allen voran die Cassetten. Zwischenzeitlich ausgestorben ist die klassische Kinder-Schallplatte, stark im Kommen auf dem Hörmarkt rund ums Kind dagegen die Compact-Disc (CD).

Ihren ersten Cassettenrecorder erhalten Kinder heute durchschnittlich im Alter von knapp drei Jahren, also vor dem Besuch des Kindergartens. Die deutschen Audio-Hersteller konzentrieren ihr Angebot auf die Zielgruppen von zwei bis acht Jahren. Kinder wenden sich heute immer früher vom Hörspiel ab und dem „Teenie-Pop" zu. Diese Tatsache hat das Einstiegsalter für Kindertonträger deutlich nach unten verlagert. Für ältere Kinder lassen sich allenfalls Titel für Mädchen und popmusikorientierte Kinderlieder erfolgreich absetzen. Gezielte Hörcassetten-Produktionen im Niedrigpreisbereich schöpfen die steigende Kaufkraft der Kinder aus. Das streng kommerziell organisierte Medienverbundsystem basiert auf einer Mehrfachauswertung der Kinohelden, Fernseh- und Spielfiguren. Und so werden deren Erlebnisse und Abenteuer auch auf den umsatzsichernden Kindercassetten weitergeführt. Der Soundtrack, das heißt die Tonspur des Kinofilms oder der Cartoon- und Zeichentrickserie, wird als Tonkonserve auf Cassette und CD angeboten – und auch gekauft!

Ebenso billig lassen sich Hörspiele in Serien produzieren, durch die das emotionale kindliche Bindungsbedürfnis an eine Titelfigur marktwirtschaftlich ausgenutzt und absatzgarantierend in klingende Münze umgesetzt werden kann. Die großen Hersteller erwerben Lizenzen aus dem gesamten Kinderkultur- und Kindermedienbereich, denn auf dem Tonträgermarkt läßt sich alles und jedes auf Cassette bannen und dem Kind umsatzträchtig ins Ohr dudeln.

Spielzeugfiguren wie Barbie und die Schlümpfe, Identifikationsfiguren klassischer und moderner Kinderliteratur, beispielsweise Puh der Bär oder Ronja Räubertochter, dienen neben den gerade favorisierten TV- und Kinohelden, letztere meist aus Disney-Filmen, als Produktionsvorlagen.

Die marktführenden Firmen bieten ihre nach den immer gleichen Strickmustern für den Niedrigpreisbereich produzierte Ware überall an: in der Tankstelle und im Schreibwarenladen, im Kaufhaus wie im Supermarkt. Anspruchsvoller produzierte Titel dagegen sind fast ausschließlich im Buch- und Musikfachhandel zu finden. Sie sind deutlich teurer und erreichen dadurch oft nur eine ganz bestimmte Käuferschicht. Hier findet man Themen aus dem realen Kinderalltag, fiktionale Geschichten in Form von Hörerzählungen und Hörspielen. Aber auch klassische Musikstücke oder Musicals in kindgerechter Bearbeitung und Liedcassetten, die den Spielcharakter hervorheben oder zum Mitsingen und Tanzen auffordern, werden in diesen höheren Preisbereichen angeboten.

Oft sind es die kleineren Verlage, die dafür sorgen, daß es anspruchsvoll und sorgfältig hergestellte Hörspiele für Kinderohren gibt. Diese Perlen unter den Kindercassetten beweisen dann, daß es möglich ist, mehr zu produzieren als ein Geräuschewirrwarr mit Musikgeriesel, undifferenzierten Sprecherrollen und kaum unterscheidbaren Schauplätzen. Diese Hörproduktionen beweisen außerdem, daß es lohnt, in qualifizierte Sprecher und talentierte Sprecherinnen zu investieren. Durch eine Vielfalt akustischer Ausdruckselemente können sie differenziertes und phantasieförderndes Hören fördern. Das Spektrum der angebotenen Cassetten ist ungeheuer groß. Vom ästhetischen und hörspieltechnischen Standpunkt aus betrachtet gibt es allerdings keinen Verlag, der nur gute oder schlechte Cassetten anbietet. Bei einem Umsatz von knapp 200 Millionen DM entfallen 40 % auf Lieder-Cassetten und 60 % auf Hörspiele und Hörerzählungen.

Die Hörlandschaft für Kinder

Hörproduktionen für Kinder haben Geschichte: Schon in den 20er Jahren hat es konservierte Töne und Erzählungen für Kinder gegeben. Dies hängt damit zusammen, daß es in Deutschland seit 1924 den Rundfunk gibt, in dessen Programm bereits damals ein – wenn auch spärliches – Angebot für Kinder zu finden war. Wurden anfänglich meist Märchen vorgelesen, entwikkelte sich bald ein eigenständiges Kinderrundfunkprogramm. Aus diesem Angebot wurden in den späten 20er Jahren die ersten Schallplattenaufnahmen für Kinder produziert.

Das waren die Anfänge des Tonträgermarkts für Kinder, der heute ein fast unüberschaubares Angebot von 3000 bis 4000 Titeln bereithält. Aber wie so oft macht auch hier Quantität noch lange keine Qualität aus. Die meisten der auf dem Markt befindlichen Titel sind nicht als Einzelhörspiele für Kinder geschrieben und produziert worden, sondern sind Soundtracks von Filmen und auf Umsatz zugeschnittene Billigproduktionen. Das führt statt der von Pädagogen und Pädagoginnen gewünschten Ausdifferenzierung der Themen zu einem einheitlichen, verflachten Themenbrei. Von Kindern heißgeliebte Endlosserien wie das trötende Elefantenkind Benjamin Blümchen oder das Hexenmädchen Bibi Blocksberg (Karl Blatz-Gruppe) sind zwischenzeitlich millionenfach über die Ladentische gegangen. Benjamin ist deutschen Kindern bekannter als Micky

Maus: 96 % aller Kinder im Alter zwischen drei und zwölf Jahren kennen den Dickhäuter.

Drei Phonokonzerne (PolyGram-Gruppe, Karl Blatz-Gruppe, BMG Ariola Miller) dominieren den Markt der Kindertonträger. Die marktführende PolyGram-Gruppe produziert unter dem Label „Deutsche Grammophon" ein Qualitätsprogramm, das Kindern neben Hörspielen und ambitionierten Lieder-Cassetten auch Werke und Leben von Komponisten klassischer Musik näherbringt. Den deutlich größten Anteil am Kindertonträgerumsatz der PolyGram-Gruppe bringt das Konzern-Label „Karussell". Hier erscheinen zum Niedrigpreis literarische Hörspielreihen nach Astrid Lindgren oder Michael Ende neben konventionellen Serien- und Medienverbundstoffen. Die musikalischen Markterfolge der PolyGram sind mit dem Kinderliedermacher Rolf Zuckowski verbunden, der mit professionell interpretierten „Gute-Laune"-Liedern Massenabsätze erzielt.

Große Marktpräsenz hat der Menschenkinder Verlag, der sich mit seinen Liedersammlungen vor allem in Kindergärten und religiösen Einrichtungen einen Stammplatz geschaffen hat. Musikalisch setzt er auf bewährte Muster und Klischees, überwindet häufig die Grenzen zum Kitsch.

Den restlichen Markt teilen sich kleinere Verlage wie beispielsweise Patmos, Jumbo, Der HörVerlag, Aktive Musik, Uccello, die auf inhaltlich und formal anspruchsvollere Cassettentitel spezialisiert sind. Sie greifen in ihren Produktionen auch Themen aus der Lebenswelt der Kinder auf und bieten originelle und phantasiereiche Lied- und Hörspielcassetten an. Derartige Titel können unterstützend in die pädagogische Arbeit im Kindergarten miteinbezogen werden.

Hier sind Liedcassetten zu finden, die aktivitätsfördernd sind, die zum Bewegen, Tanzen und zur musikalischen Erziehung eingesetzt und zur Spielanimation im Kindergarten verwendet werden können. Rockig-kritischer Kinder-Pop, Volksliedgut und

Klassik in kindgerechter Bearbeitung differenzieren das musikalische Angebot aus. Magazincassetten liefern eine Mischung verschiedener Beiträge wie Erzählungen, Lieder, Kurzgeschichten und ähnliches, eine kleine Kinderzeitschrift zum Zuhören gewissermaßen. Neben Hörerzählungen und Hörspielen, die sich der Vorlagen von Kinderliteratur bedienen, gibt es auch zunehmend Original-Hörspiele und Serien von Hörerzählungen, die in Kooperation zwischen Rundfunksendern und Phonofirmen entstehen. Diese Ko-Produktionen bieten Qualitätsmaßstäbe, an denen sich Eltern und Pädagogen orientieren können.

Buch und Cassette oder CD sind eine Verbindung, die immer häufiger im Paket angeboten wird. Bei Liedern hat dies den Vorteil, daß Noten und Texte oft mit kindgemäß ansprechenden Illustrationen zugänglich sind. In vielen dieser Bücher und Broschüren finden sich zusätzliche Vorschläge und Anleitungen zum Spielen, Tanzen und Anregungen für werkschaffende Tätigkeiten.

Und den eingangs erwähnten Kinderrundfunk, gibt es den überhaupt noch? Für Kinder im Kindergartenalter leider immer weniger. Veränderte Programmstrukturen und ein auf möglichst breite Akzeptanz angelegtes Angebot führen verstärkt dazu, daß Sendungen, die nur für kleine Teile der Hörerschaft interessant sind, im Hörfunk immer mehr fehlen.

Kinder sind eine solch zahlenmäßig kleine Nutzergruppe. Die meisten ARD-Rundfunkanstalten haben zwar Programmsplitter für die Zielgruppe der 4–14jährigen Zuhörer, das Angebot für Kinder bis sechs Jahren aber ist regional sehr unterschiedlich. Der Sender Freies Berlin, der Westdeutsche und der Norddeutsche Rundfunk produzieren beispielsweise den „Ohrenbär“ – Radiogeschichten für kleine Leute. Die kurzen und für die Arbeit im Kindergarten interessanten Hörerzählungen sind auch als Kaufcassetten erhältlich. „Lilipuz“ nennt sich die tägliche Magazin-Sendung, mit der der WDR-Kinderfunk erfolgreich die Zielgruppe der Grundschulkinder erreicht. Im Bayerischen Rundfunk beispielsweise hat das Kinderprogramm eine lange Tradition und wird noch heute bestens gepflegt: Für Kinder ab vier Jahren gibt es nicht nur „Das Betthupferl" mit seinen täglichen Gutenachtgeschichten, sondern auch das „Klingende Bilderbuch", das den Kleinen Hörerlebnisse am Radio bietet. Hörspiele wie Lesungen gehören genauso als literarische Form zum Programm wie Hörbilder, Reportagen und Interviews. In der beliebten Sendereihe „Kinder machen Radio" gestalten und produzieren ältere Kinder ihr Programm selbst, der BR-Kinderfunk gibt nur Hilfestellung und berät die jungen Radiomacher.

Insgesamt aber wird das Radioprogramm für Kinder zu wenig gepflegt und gefördert. Bedauerlicherweise hat das meist fehlende Angebot für jüngere Kinder zur Folge, daß der Rundfunk die Kinder mit seinem Programm meist erst dann erreicht, wenn deren Hörverhalten schon durch die Produkte des Kindercassettenmarkts geprägt und eingespielt ist.

Ansatzpunkte und Kriterien, die bei der Auswahl von Hörspielcassetten helfen können

Medien ideal und treffend auszuwählen, ist immer ein Unterfangen mit Risiko. Egal, ob es nun Bücher, CDs und Spiele für Freunde oder sich selbst sind, wenn es um die Entscheidung geht, wird es oft schwierig, und manchmal vergreift man sich sogar in der Auswahl für sich selbst.

Beim Beurteilen und Bewerten von Medien für Kinder, wobei ich das Spielzeug gerne mit eingeschlossen sehen möchte, kommt verstärkend noch dazu, daß sich viele Erwachsene damit schwertun, sich in die Gedanken-, Erlebnis- und Spielwelten von Kindern einzufühlen. Dieses Hineinversetzen in die kindliche Welt ist aber unabdingbar, denn die Gefahr, daß der Erwachsene zu sehr mit seiner Entscheidung, auch in der wohlgemeinten pädagogischen, dominiert, seinen Geschmack und seine ästhetischen Vorlieben durchsetzt und eventuell sogar insgeheim seine Bedürfnisse zufriedenstellt, ist leider nicht auszuschließen.

Dann ist das Erstaunen groß, wenn beispielsweise Lisa die Erich-Kästner-Cassette gar nicht so toll findet wie Tante Hilda, die sie ihr geschenkt hat. Ihr hat nämlich „Die Konferenz der Tiere" als Kind gut gefallen, und aktuell ist der Kästner ja immer noch, findet Tante Hilda zu Recht. Gewußt hat sie allerdings nicht, daß für Lisa Astrid Lindgrens Geschichten derzeit aus ganz persönlicher Befindlichkeit aktuell und deswegen viel begehrenswerter sind. Dazu kommt noch, daß Tante Hilda Lisa nicht so oft erlebt, daß sie wissen könnte, womit sie sich derzeit auseinandersetzt.

Eltern und Erzieherinnen haben sicher meist den Vorteil, ihre Kinder besser einschätzen zu können. Der Gefahr, nur die eigene persönliche Ästhetik und Sicht der Dinge durchsetzen zu wollen, entgehen kraft ihrer pädagogischen Funktion jedoch auch sie nicht.

Kinder sind trotz gleichen Alters recht andersartig handelnde, denkende und fühlende Persönlichkeiten. Daher können selbst Drei- und Vierjährige persönliche Vorlieben haben und hören mit ganz unterschiedlichen Erwartungen, Wünschen und Hoffnungen den Geschichten, Erzählungen und Liedern von Cassetten zu. Ein Cassetten-Hörspiel, das zwei Fünfjährige gerade fasziniert, kann durchaus ein sechsjähriges Kind, das bald eingeschult wird, überhaupt nicht ansprechen. Dieses Kind hat vielleicht derzeit anders orientierte Bedürfnisse oder verfügt einfach über andere Lebenserfahrungen und braucht somit ein differentes, seiner Lebenswelt und seinen kognitiven Fähigkeiten entsprechendes Hörangebot. Diese emotional-persönlichen Faktoren sind zweifellos mitentscheidend bei den Funktionen, die die Cassetten für die Kinder haben. Trotz alledem gibt es eine Reihe von Kriterien, die uns neben diesen erwähnten Fakten zu einer Bewertung und Auswahl von Kindercassetten verhelfen können. Wenn es ums Hören geht, dann stehen allen Produzenten zunächst dieselben Bausteine zur Verfügung: Sprache, Geräusche, Musik und Stille, das sind die Faktoren, mit denen gespielt werden kann. Daß das Ganze in einer guten technischen Qualität produziert sein muß, sollte eigentlich eine Grundbedingung für die Hersteller sein. Da die für Kinder angebotenen Hörspiel-, Erzähl-, Musik- und Liedcassetten diverse Ziele in ihren Produktionen verfolgen und in ihrer ästhetischen Machart recht unterschiedlich sind, müssen wir in der Beurteilung und Bewertung differenziert vorgehen. Dazu möchten die nachfolgenden Aspekte eine Hilfe bieten.

Inhalt

- Mit welchem Thema wird das Kind konfrontiert, welche Angebote werden ihm offeriert?
- Bietet der Inhalt dem Kind eine klare Identifikationsfigur?
- Fördern oder verstärken das Thema und die inhaltliche Ausgestaltung stereotype Verhaltensmuster und Klischees?
- Wird die kindliche Phantasie angeregt, wird Spannung und gute Unterhaltung geboten?
- Bietet die Materie Verhaltenshilfen oder Denkanstöße für die Lebenswelt des Kindes? Oder werden fertige Lösungsmuster vorgeschlagen?
- Ist der Handlungsort klar erkennbar?
- Ist ein folgerichtiger Handlungsablauf der Geschichte zu erkennen? Wichtig für das Kindergartenalter ist, daß die Produktionen keine größeren Zeitsprünge enthalten. Auch akustische Vor- und Rückblenden sind Stilmittel, die Kinder erst im Grundschulalter verstehen lernen.

Dramaturgie/Inszenierung

- Wird die literarische Vorlage gekürzt, verstümmelt, verändert?

- Gibt es einen Spannungsbogen, der die Aufmerksamkeit der Kinder binden kann?
- Welche Elemente verstärken die Spannung? (Überraschungen, Zuspitzungen, Widerstände)
- Welche Momente lösen die Spannung? (Komik in aufregenden Situationen)

Sprache

- Wird der Text durch die Sprache lebendig umgesetzt? Wirkt der Text durch den Sprecher oder die Sprecherin?
- Sind die Sprecherrollen durch sprachliche Ausdrucksfähigkeit genügend akzentuiert? Die Stimme ist das Kostüm eines Sprechers, sie muß den Charakter der Rolle ausstrahlen. Wird mit der Fähigkeit der Stimme gespielt, wird mit Tempowechsel gearbeitet?
- Sind auch in den Sprecherdialogen optische Hinweise enthalten, die die Zuhörer zur assoziativen Ergänzung und Ausformung des Gehörten anregen? Oder wird durch einen Erzähler alles platt kommentiert?
- Wird bei Passagen, in denen Kinder sprechen, eine kindliche Sprach- und Ausdrucksweise verwandt, oder sprechen kleine Erwachsene?
- Sind die Personen deutlich an der Sprache zu unterscheiden?

Geräusche

- Sind sie klar eingesetzt oder im Sinne der „Doppelpunktdramaturgie" sprachlich angekündigt?
- Werden sie natürlich oder grobschlächtig und effektheischend verwendet?
- Wird der Handlungsort durch Geräusche angedeutet und atmosphärisch verdichtet? Bauen die Geräusche eine Kulisse auf?
- Fördern symbolartige, stilisierte Geräusche und Klänge die Entstehung assoziativer Bilder im Kopf?

Musik

- Welche Gefühle und Affekte werden durch die Musik ausgelöst oder intensiviert?
- Ergänzt die Musik den Charakter der Produktion, oder ist sie beliebig austauschbar?
- Wird sie eingesetzt, um Produktionszeit zu füllen? Oder realisiert sie musikalische Aufgaben wie Spannung und Entspannung und provoziert Phantasie?
- Existieren interessante, experimentelle Ansätze in der dargebotenen musikalischen Stilrichtung, oder wird nur Altbekanntes oder Klischeebetontes eingesetzt?

Letztendlich spricht auch der Informationswert der Cassettenhülle für oder gegen die Verbraucherfreundlichkeit der Produzenten und eine faire Informationspolitik. Positive Beispiele in dieser Richtung zeigen, daß all das, was uns interessiert, auch angegeben werden kann: Namen von Autoren, Produzenten, Sprechern, Komponisten, die Spieldauer, Produktionsort und -jahr, eine Zusammenfassung des Inhalts und nicht zuletzt eine Illustration, die es auch verdient, von Kinder- und anderen Augen betrachtet zu werden.

Cassettenrecorder für Kinder

Cassettenrecorder sind in nahezu jedem Kinderzimmer vorhanden. Die wenigen Kinder im Vorschulalter, die keinen eigenen besitzen, haben Zugriff auf ein im Haushalt vorhandenes Gerät. Eine Vollversorgung mit den einfach zu bedienenden Cassettengeräten ist nahezu erreicht. Mit dafür gesorgt hat die Tatsache, daß es in den letzten Jahren selbstverständlich geworden ist, daß man Cassettenabspielgeräte in Spielwarengeschäften und Spielwarenabteilungen der Kaufhäuser findet. Diese Unterhaltungselektronik für Kinderhände ist oft schon für 10 bis 20 Mark erhältlich. Damit wiederum sind beste Voraussetzungen für den schwunghaften Absatz von Kindercassetten geschaffen.

Auch marktführende Hi-Fi-Produzenten wie die japanische Firma Sony haben die Zielgruppe der Kinder entdeckt und bieten unterschiedliche, speziell auf diese Zielgruppe zugeschnittene Geräte in der Produktreihe „My first Sony“ an. Dieser Slogan verrät die Absicht: Man bindet das Kind früh genug an einen Markennamen, um späteren Kaufentscheidungen vorzuarbeiten. In erster Linie geht es also um die firmeneigene Umsatzsicherung und nicht darum, wie uns die Werbung klarmachen will, daß Kinder durch bruchsichere, schön bunte Kunststoffgeräte mit abgerundeten Ecken und einfacher Handhabung (für „tapsige“ Finger) besonders glücklich werden.

Die billig produzierten Walkmen, die viele Kinder geschenkt bekommen, sind durch die Kopfhörer und besonders durch die Stöpsel-Kopfhörer zu einer Gesundheitsgefahr fürs Kinderohr geworden. Mediziner klagen über zunehmende Hörschäden der Walkman-Generation. Damit das kindliche Gehör nicht geschädigt wird, muß die Obergrenze der Lautstärke bei Kindergeräten gedrosselt sein, damit die Klang- und Geräuschlawine nicht zerstörerisch aufs Trommelfell drücken kann. Diese Notwendigkeit ist vielen Erwachsenen überhaupt nicht bekannt, und deshalb sollte man die Eltern hierauf aufmerksam machen.

Wie können wir uns über Kindercassetten informieren, wo können wir geeignete beziehen?

Weghören und ignorieren wird den Markt der Kindercassette nicht verändern. Den Kopf in den Sand stecken ist auch keine Lösung. Also müssen wir, auch aus pädagogischen Gründen und aus Kinderliebe, handeln.

Für viele Erwachsene wird sich erst einmal die Frage stellen: „Was hören denn die Kinder?“ Das heißt im Klartext: Wir müssen selber hinhören, was da vom Band tönt, und wir sollten zumindest gelegentlich auch mit den Kindern zusammen hören. Mit diesem Interesse an den Hörbedürfnissen und Erfahrungen der Kinder sollte das Bestreben nach Informationen einhergehen.

Als nächstliegende Quellen bieten sich Kontakte mit dem örtlichen Fachhandel, also den Buchhandlungen oder Phonoläden an. Vielleicht haben Sie Glück und finden hier Menschen, die Kinderkultur nicht unbedingt als Stiefkind betrachten und Sie beraten können. Lassen Sie mich in diesem Zusammenhang noch die gängige Tatsache erwähnen, daß wir als Kunden durchaus nicht verpflichtet sind, sprichwörtlich Katzen im Sack zu kaufen: Auch verschweißte oder cellophanierte Cassettenhüllen lassen sich öffnen! Und wenn die x-te Kundin danach verlangt, die Cassette anhören zu können oder ansonsten sich nicht zum Kauf entschließen kann, wird sich auch die Verkaufspraxis verändern lassen. Und dann schaffen wir es, daß vielleicht zum Ende unseres Jahrhunderts das Sprichwort, das früher wohl Gültigkeit hatte, wieder zutrifft: Der Kunde ist König!

In vielen öffentlichen Büchereien finden Sie ein oft breitgefächertes Angebot von Kindercassetten und CDs. Diese können Sie ausleihen und zu Hause in Ruhe anhören. Und eine bessere und sicherere Grundlage für eine Kaufentscheidung als selber hören gibt es nicht.

Was aber, wenn vor Ort keine Informationsmöglichkeiten vorhanden sind? Dann empfehlen sich Informationen schriftlicher Art. Die erhalten Sie beispielsweise durch Besprechungen in Zeitschriften wie „spielen und lernen“, „leben und erziehen“ oder in Fachzeitschriften wie „Eselsohr“ und „kindergarten heute“.

Die Einkaufszentrale für öffentliche Bibliotheken bietet eine Angebotsliste zu Kindercassetten an. Sie enthält Kurzkommentationen und kann kostenfrei angefordert werden. Daneben offeriert die ekz speziell für Pädagoginnen den einmaligen Service, über sie Cassetten zu bestellen. Wegen des Verwaltungsaufwands gilt die Mindestbestellung von 5 Titeln. Anschrift siehe Anhang.

Das Verzeichnis „Töne für Kinder“ bietet umfassend und übersichtlich Hilfe zur Auswahl von Kindercassetten und CDs. In diesem Ratgeber finden sich kommentierte Beschreibungen von Kindertonträgern, gegliedert nach Altersgruppen, Genres und Themen. Heide Germann, Sylvia Näger, Ida Pöttinger, Karen Wien: „Töne für Kinder. Cassetten und CDs im kommentierten Überblick“, München: KoPäd Verlag 1999. Ca. 20,– DM.

Insbesondere die ambitionierteren Verlage stellen dem Endverbraucher Prospekte und Kataloge ihrer lieferbaren Tonträger zur Verfügung. Und für uns Erwachsene gibt es ebenfalls was zu hören: Wie wäre es mit Literatur, die ins Ohr geht? Der Münchner HörVerlag beispielsweise führt ein literarisch engagiertes Programm und anspruchsvolle, aktuelle Unterhaltung für Erwachsene. Anschriften von Verlagen, bei denen Sie Informationen anfordern können, finden Sie im Anhang unter „Praxishilfen und Anschriften“.

Cassetten im Kindergarten einsetzen?

Die Ausbildung der Erzieherin macht mit den vielfältigen Techniken der Wahrnehmungsförderung und Sinnesschulung vertraut. Das Kind setzt seine Sinne ein, um die Welt ganzheitlich zu erfahren, zu erkunden und zu erleben. Von diesen Erfahrungen abhängig ist letztlich auch die kognitive Entwicklung des Kindes.

Musikerziehung, Sprecherziehung und Übungen zur Differenzierung und Schulung des Hörsinnes sind vielen ErzieherInnen vertraut. Diese Erfahrungen sind sicherlich ein Ansatzpunkt, der es ermöglicht, sich damit zu befassen, wie man Cassetten in Situationen der Kindergartenerziehung einsetzen kann. Unumgänglich aber ist es, sich mit den Cassetten-Produktionen für Kinder vertraut zu machen. Dazu können die vorangehenden Kapitel und das eigene Ohr verhelfen. Sicherlich wird man nicht von heute auf morgen über eine riesige Menge von Titeln verfügen, die für die Gruppenarbeit im Kindergarten einsetzbar sind. Aber Quantität ist ja nicht das Ziel. Vielmehr will man die Titel kennenlernen, die gefallen und für pädagogische Zielsetzungen brauchbar sind.

Mit dieser Phase der Markterforschung und des Kennenlernens von Kinder-Cassetten sollte die Einsicht verbunden sein, daß man sich mit Hörgewohnheiten der Kinder vertraut macht. Kinder liefern viele Anlässe, um mit ihnen über ihre Mediennutzung und ihre bevorzugten Cassettentitel ins Gespräch zu kommen. Und das Wissen über die kindliche Nutzung ist auch eine wichtige Voraussetzung für die praktische pädagogische Arbeit. Natürlich darf nicht offensichtlich oder pauschal abgewertet und kritisiert werden, was die Kinder hören. Wenn sie dies bemerken, ist ihr Wille und ihr Bedürfnis, sich mit ihren Erlebnissen anvertrauen zu wollen, dahin. Oder kennen Sie Erwachsene, die es schätzen, wenn man ihre Lieblinge miesmachen will …? Durch engagierte Gespräche erfährt man, welche Bedürfnisse das einzelne Kind mit seinem Cassettenhören verbindet und zufriedenstellt, welche Motive es zum Hören veranlassen. Sie werden Kenntnis erhalten, in welchen Situationen und Bedingungen die Kinder ihr Cassettengerät einschalten und in ihre Lebenswelt integrieren.

Die gewonnenen Erkenntnisse können nun in die praktische Arbeit miteinfließen. Diese sollte auf drei Arbeitsebenen stattfinden:

1. Sie setzen in der Arbeit mit den Kindern mediengerechte Cassettenproduktionen ein.

- So lernen die Kinder auch Alternativen zu den üblichen massenproduzierten Cassetten kennen. Dabei ist zu beachten, daß diese alternativ angebotenen Hörcassetten mediengerecht produzierte Spannung und Unterhaltung bieten, so wie die Kinder das erwarten, weil sie es von ihrer persönlichen Verwendung auch kennen.
- Die Cassette wird als Impulsmedium verwendet, das sowohl informieren (beispielsweise Aufnahmen aus der Natur: Waldvogelgesänge) wie Prozesse der Sozialerziehung unterstützen und in Bewegung bringen kann (beispielsweise ein Hörspiel, das das Thema Angstbewältigung aufgreift). Zu Themen des sozialen Verhaltens wie Identitätsfindung, solidarischem Verhalten, Freundschaft gibt es genügend Produktionen, die nach einer Einführung auch im Freispiel eingesetzt werden können.
- Hören soll immer in einem Bezugsrahmen stattfinden. So wird Kommunikation geschaffen, die auch eine aktive Bewältigung der Inhalte und Themen ermöglicht. Wie bei anderen Medien wird das Gehörte durch Spielen, Malen, Basteln, Singen und Bilderbuchbetrachten weitergestaltet. Insbesondere im freien Nachspielen von Passagen erarbeiten sich die Kinder spielerisch, was sie gehört haben. Oft stellen sie Dinge dar, die sie beim Hören besonders eindrucksvoll fanden.
- Mit sorgfältig und engagiert produzierten Kinder-Cassetten kann differenziertes Hören gefördert und die akustische Wahrnehmung gesteigert werden. Sie können auch eine Chance zur Konzentration bieten, da das optische Angebot entfällt. Nachsprechen von Passagen, Singen und Erzählen bedeutet für die Kinder, ihre Sprachfähigkeit intensiv zu nutzen.
- Methodische Grundsätze zur Arbeit mit Cassetten finden und sehen Sie im Kapitel Mitspielaktion: „Was Zwerge und Riesen hören“ (S. 171 ff.).

2. Sie machen die Eltern mit anspruchsvoll produzierten Kindercassetten vertraut. Durch Information und Aufklärung wird somit langfristig die Cassettenauswahl der Eltern mitgestaltet. Anregungen zu einem Elternabend mit diesem Thema finden sich im Kapitel „Elternarbeit“.

3. Sie organisieren den Rahmen, in dem sich die Kinder mit eigenen Produktionen das Hörmedium spielerisch, ästhetisch und kreativ erschließen können. Tips und Vorschläge dazu finden Sie auf den folgenden Seiten.

Selbermachen, spielen und hören mit Leercassette und Recorder

In der Tat gibt es für die Kinder eine Menge Ideen zu verwirklichen, bei denen der Spielcharakter stark betont wird. Dazu kommt zu den medienspezifischen Aktivitäten oft noch eine gestalterische Aufgabe wie Malen, Ausschneiden oder Kleben. Oft ist es für Kinder auch ein Erlebnis zu entdecken, daß man mit der Aufnahmetaste des Cassettenrecorders so vielerlei selbst machen kann. Sie erfahren also, daß man dieses Medium auch produktiv und gestalterisch verwenden kann und das Gerät zu mehr als zum Hörkonsum von Fertigproduktionen dient.

Neben einem Cassettenrecorder braucht man für das Spielen mit den Tönen auch ein Mikrophon. Viele Recorder haben eines eingebaut, das für die beschriebenen Aufnahmeaktionen ausreicht. Allerdings bringt eine Aufnahme mit einem externen, „echten“ Mikrophon den Kindern mehr Spaß und bessere Aufnahmequalität. Schließlich ist das Mikrophon ein wichtiges Utensil eines Reporters und oftmals für weniger sprachgewandte oder für gehemmte Kinder ein großer Anreiz, sich doch zu formulieren. Sein Einsatz führt die Kinder leichter

durch die Aufnahmeaktivitäten. Ein Mikrophon ist preisgünstig zu erwerben. Drinnen kann man mit Netzanschluß arbeiten, im Freien mit Batterien. Aufladbare Batterien sind umweltfreundlicher, für sie braucht man allerdings ein Ladegerät. Leercassetten mit 30 oder 60 Minuten Aufnahmezeit sind stabiler und besser zum aktiven Arbeiten geeignet als die Cassetten mit längerer Spieldauer. Das Mikrophon wird am besten auf einem Stativ aufgestellt. Wo keines zur Verfügung steht, tut es auch eine weiche Unterlage wie ein Kissen. Für Außenaufnahmen empfiehlt sich ein Windschutz. Wenn die Bedienung des Geräts erklärt und eingeführt ist, haben die Kinder keine Schwierigkeiten mit der Technik.

Spielen mit Worten

Die erste Spielidee mit Leercassetten liegt auf der Hand: Wir spielen mit der eigenen Stimme. Das ist ganz einfach: Alle Kinder der Gruppe sprechen ihren Namen auf Cassette. Alleine das Anhören ihres eigenen gesprochenen Namens ist für viele Kinder ein Erlebnis.

Die Steigerung ist die: Jedes Kind sagt, wie sein Nachbar im Stuhlkreis heißt, dann vertauschen wir die Plätze und versuchen, im nachhinein zu erraten, welches Kind welchen Namen genannt hat.

Oder: Wer erkennt, wer da spricht? Dabei muß man darauf achten, daß allen Kindern die stimmlichen Aufzeichnungen bekannt sind. Das können die ErzieherInnen im Kindergarten sein, aber auch Stimmen aus dem Fernsehen: wie der Rabe Rudi aus Siebenstein oder eine Sesamstraßefigur, der Hund der Nachbarn vom Kindergarten und was sich sonst noch für Stimmen rund um den Kindergarten einfangen lassen.

Kinder lieben es, Rätsel oder Witze in das Mikrophon zu sprechen. Besonders, wenn man Hörzeitungen auf Cassette herstellt, kann man die Witz- und Rätselschätze verarbeiten.

Eine andere, sehr sprachmotivierende Beschäftigung ist folgende: Jedes Kind sucht sich sein Lieblingsbilderbuch, erzählt mit eigenen Worten die Bilder, während ein anderes Kind dies auf Cassette aufzeichnet.

Wie stellt man ein akustisches Kindergartenalbum her?

Der Kindergartenalltag bietet vielerlei Alltagssituationen, die es wert sind, dokumentiert zu werden. Im Freispiel, vor allem im Rollenspiel, gibt es immer interessante Gespräche, in der Bauecke kracht so manches Gebäude ein, die Würfel eines Brettspiels klackern über den Tisch, ein Buntstift kritzelt auf das Papier. Das gemeinsame Essen, Liedersingen oder der Einsatz von Instru-

menten sind andere Anlässe, die die Kinder gerne wieder anhören werden. Selbst Rhythmik und Bewegungsspiele oder Tänze können in dieses Album mit aufgenommen werden. Sind die Kinder erst einmal mit der Aufnahmetechnik vertraut, entwikkeln sie bald selbst ein Gespür für die Situationen, die für das Cassettenband interessant sind.

Natürlich sollten Sie nicht vergessen, die Festgestaltungen, die übers Jahr anliegen, aufzuzeichnen. Mit diesem Material kann man wirklich viel Spannendes erleben und bewegen. Wer als Erwachsener jemals seine eigene Kinderstimme beim Spielen oder Festefeiern gehört hat, wird meinen Vorschlag nur unterstreichen können.

Aus solchem von Kindern und ErzieherInnen konservierten Gruppenmaterial haben wir in Fortbildungen Cassetten zusammengeschnitten, die das Weihnachtsgeschenk der Kinder an ihre Eltern waren. Die begeisterten Elternreaktionen haben den Aufwand gelohnt und manche Eltern zu eigenen Taten und Experimenten mit dem Recorder angeregt.

Geräuschspaziergänge und Hörbilder

Mit den Ohren und dem Mikrophon samt Cassettenrecorder spazierengehen, ist ein aufschlußreiches und fesselndes Erlebnis für Kinder. Neben dem Kindergarten und seinem Umfeld eignen sich Plätze wie Bahnhöfe und Straßenkreuzungen, geräuschintensive Ereignisse wie Wochenmarkt, Fastnacht und Jahrmarkt: Die Losverkäufer preisen ihre Gewinne an, die Achterbahn pfeift und dröhnt, die Drehorgel dudelt, und am Autoscooter plärren alte Schlager aus den Boxen. Solche Hörerlebnisse können, falls sie von der Erzieherin produziert werden, von den Kindern enträtselt werden.

Auch die Eltern können mitwirken, indem sie den Kindern helfen, zu Hause bei einem Geräuschspaziergang alle möglichen Geräuschquellen aufzunehmen: den tropfenden Wasserhahn im Badezimmer, den tickenden Wecker (und gleich hinterher die Küchenuhr), das Laufgeräusch der Waschmaschine (oder ist es die Spülmaschine?), den pfeifenden Wasserkessel in der Küche oder das Schnurren der Katze, die sich behaglich im Körbchen räkelt.

Hörbilder zeichnen sich dadurch aus, daß man die Original-Geräusche aufnimmt und als Gestaltungselemente für hörbare Bilder verwendet. Wenn man aus einem trockenen Raum in einen Wolkenbruch hinausmarschiert, hört man beispielsweise zu den Schritten auf unterschiedlichem Boden das Geräusch des aufklappenden Regenschirms und die niederstürzenden Wassermassen. Die wechselnde Gangart auf unterschiedlichem Boden aufzunehmen ist übrigens ein interessanter Versuch, der beim Aufnehmen und Hinhören differenzierte Fähigkeiten der Wahrnehmung fördert.*

Geräuschraten/Hör-Kim

Hierzu wird eine überschaubare Anzahl von Geräuschen, Klängen oder Stimmen aus dem Umfeld der Kinder auf Band aufgenommen: beispielsweise das Brummen des Teddybären, eine Kinderstimme, ein bimmelndes Glöckchen, ein bellender Hund, ein Flötenton. Diese Serie kann für das Hör-Kim noch einmal aufgenommen werden. Bei dieser zweiten Geräuschreihe fehlt aber ein Geräusch (weil der Geräuschezwerg es sich geholt hat), oder es ist durch ein anderes ausgetauscht. Die Kinder werden die Ohren spitzen und die Lösung heraushören. Beim ersten Hör-Kim sollte man mit wenigen Geräuscheaufnahmen beginnen und die Anzahl langsam steigern. Beim Hörspiel mit

* Auf der Kindercassette „Nicht nur Vögel können fliegen " von Fredrik Vahle (Pläne im Patmos Verlag, 1990, ab 6 Jahren) spielen die Geräusche und Töne der Insel Gomera eine tragende, die Atmosphäre der Erzählung verdichtende Rolle. Das Mädchen Kathrin, dessen Eltern sich getrennt haben, verlebt dort seine Ferien und nimmt die Stimmen der Tiere, die Geräusche der Natur und die Lieder der Insel auf Cassette mit nach Hause.

Lücken dienen Geräusche im Originalton (O-Ton) dazu, daß man sie erraten muß, um den Fortgang der Geschichte ableiten zu können: Als ich die (O-Ton Türknarren) öffnete, stand der (O-Ton Hundegebell) des Nachbarn davor. Da ging ich zum (O-Ton Telefon Freizeichen) und rief unseren Nachbarn an …

Sind Gläser musikalisch, und wie klingen Eiszapfen und Gespenster?

Flaschen und Gläser sind interessante Experimentiermaterialien für Konzerte und Geschichten, die vertont werden. Dazu füllt man verschieden viel Wasser in unterschiedlich geformte Flaschen und bläst hinein. Gläser werden mit unterschiedlichen Materialien vorsichtig angeschlagen und so allerlei Töne und Klänge erzeugt. Dünne Glasränder klingen, wenn man mit dem Finger daran reibt. So entsteht vielleicht die Atmosphäre für ein Wintermärchen mit Schneeprinz, Kristallpalast und Eiszapfen. Im Sommer kann man im Badeanzug ein Wasserkonzert oder ein nasses Wassernixen-Hörspiel im Hof aufnehmen: platschen, plitschen, mit Strohhalmen, Schläuchen in das Wasser blubbern und sprechen, tutende Dampfer kreuzen lassen und was die Phantasie noch auffahren kann …

Geister und Gespenster sind für Kinder an animierendes Thema, denn jeder kennt andere Erscheinungsarten und hat andere Erfahrungen und Einschätzungen. Diese lassen sich ausgezeichnet auf einer Cassettenproduktion zusammenfassen. Spezifische Geschichten und gespenstische Geräusche kennt man ja zur Genüge: flattern und ächzen, heulen und scheppern, rascheln und wimmern, knacken und knistern … was fehlt noch?

Geräusche- und Bilder-Lotto

Mit dem bekannten Prinzip des Bilderlottos läßt sich differenziertes Hören fördern und erkennen und Zuordnen üben. Zwei Möglichkeiten stehen offen: Schauen Sie sich ihren Bilderlottobestand im Kindergarten an. Eine Vorübung können Sie dann rasch umsetzen, wenn Sie auf den Lottotafeln viele Bilder finden, zu denen die Kinder Töne oder Geräusche produzieren können. Dann lassen Sie die Aufnahme laufen, und die Kinder legen die vorher verteilten Bildkärtchen ab, wenn das entsprechende Geräusch zu hören ist. Sie sollten darauf achten, die Geräusche in zwei oder drei Serien in unterschiedlicher Reihenfolge aufzunehmen. Dann haben Sie veränderte Spielabläufe, wenn Sie das Cassettenband immer an einer anderen Stelle, also nicht jedesmal am Bandanfang, starten.

Das Lottospiel komplett selbst herzustellen, ist eine kreative Gemeinschaftsproduktion über einen längeren Zeitraum. Sich hier Zeit zu nehmen, empfiehlt sich schon deshalb, weil es circa 36 Geräusche (auf 4 Lottotafeln), wieder in drei unterschiedlichen Reihenfolgen aufgenommen, und die dementsprechenden Abbildungen braucht, um damit nachher sinnvoll spielen zu können. Mischen Sie das Hörangebot des Lottos gut durch: Vom selbstgemachten Materialgeräusch, wie eine geschüttelte Streichholzschachtel, über tierische Stimmen, Menschliches wie Niesen bis hin zu musikalischen Klängen und gerätetechnischem Gerappel ist alles verwendbar. Die Kinder haben oft einen großen Einfallsreichtum für die Aufnahmen zu bieten. Die eingefangenen Geräusche werden bebildert. Hierzu wird selbst gemalt und gezeichnet und auf fertige, ausgeschnittene Abbildungen zurückgegriffen. Daraus werden die Lottotafeln hergestellt. Zum Spielen brauchen wir noch 36 Chips, Muggelsteine oder ähnliches, um die gehörten und zugeordneten Abbildungen als gelöst zu kennzeichnen. Dann kann man noch einen stabilen Karton suchen und daraus eine Spieleschachtel selbst gestalten.

Briefe, einmal nicht geschrieben

Gibt es so was?

Selbstverständlich, und zwar einen Hörbrief mit dem Cassettenrecorder, und malen kann man natürlich auch einen, das gibt die Hülle für den Cassettenbrief. Und wer den bekommt? Da fragen wir doch mal die ErzieherInnen und die Kindergartenkinder, wen sie sich da als Empfänger vorgestellt haben …

Zur Gestaltung dieses Hörbriefs auf Cassette habe ich folgende erprobte Elemente vorzuschlagen: Rätselfragen, Zungenbrecher, selbst produzierte Geräuscherätsel, Musikstücke, Reime und Gedichte, Abzählverse, Ausschnitte aus den Aufzeichnungen des akustischen Kindergartenalbums, Witze und von den Kindern selbst gesprochene Passagen: „Lieber Opa, jetzt kommt mein Lieblingslied im Kindergarten, und danach hörst du mich beim ‚Tempo kleine Schnecke'-Spielen, und dann erzähle ich dir was … so, und wenn du die Rätsel nicht lösen kannst, mußt du kommen und mich fragen!" Solche magazinartigen Hörbriefe können die Kinder nach eigenem Geschmack zusammenstellen und verschicken und verschenken.

Den Regen machen wir heute selbst – synthetische Geräuscheproduktion

Viele Geräusche kann man auf künstliche Art selber erzeugen. Von solchen Experimenten lassen sich die Kinder schnell begeistern. Wenn im Kindergarten das Tonfieber ausbricht, dann heißt es: „Achtung! Ruhe bitte! Aufnahme!" Nachgeahmte, synthetische Geräusche wirken für die Zuhörer häufig „echter“ als die Originale, das hat uns das Fernsehen anerzogen, das in vielen Filmen mit synthetischen Geräuschen arbeitet.*

Wenn wir mit den Kindern selbst aktiv werden, brauchen wir Hilfsmittel, die wir meistens im eigenen Haushalt finden. Rechnen Sie bitte nicht damit, daß alles gleich auf Anhieb überzeugend klingen wird; einige Probeaufnahmen wird es schon erfordern, bevor zuerst Sie und die Kinder sich mit den ungewöhnlichen Geräuschquellen vertraut gemacht haben. Vor allem auf den richtigen Abstand zwischen den Requisiten und dem Mikrophon kommt es dabei an. Und der muß von Aufnahme zu Aufnahme neu ermittelt werden.

Wie die Geräusche aus der Trickkiste zustande kommen, zeigen die folgenden Beispiele. Wenn die Kinder erst einmal Erfahrung mit diesen Experimenten gesammelt haben, werden ihnen bestimmt noch viele Ideen kommen. Wenn Sie die Tricks ausprobiert haben, dann verfügen Sie schon über eine Menge Handwerkszeug für Hörspielproduktionen und Bilderbuchvertonungen.

- *Regen:* Wir rollen 15 bis 20 getrocknete Erbsen in einem großen Drahtsieb hin und her. Je nach Geschwindigkeit können wir den Regen zu- oder abnehmen lassen. Weniger prasselnd hört er sich an, wenn wir Sand auf schräg gehaltenes Sandpapier rieseln.
- *Donner:* Dazu schütteln wir kräftig ein großes, dünnes Blech, das wir nur mit den Fingern an zwei Ecken festhalten. Oder

* Ein für die Erzieherin und teilweise auch für die Kinder interessanter Video-Film zeigt die Arbeit des bekannten Geräuschemachers Mel Kutbay. Er heißt „Der lautlose Schuß oder: Wie der Ton zum Film kommt“; 43 Minuten, BRD 1987. Auszuleihen bei den Landes- und teilweise auch Stadt- und Kreisbildstellen unter der Nr. 4200525 sowie bei kirchlichen Bildstellen. Ebenfalls dort auszuleihen ist der Film: „Wie ein Zeichentrickfilm gemacht wird“, wobei dieses am Beispiel der Sendung mit der Maus gezeigt wird. Eine darin enthaltene Filmpassage zeigt die Vertonung eines Mausfilms mit synthetischen Geräuschen und Musik. (Nähere Angaben zum Film im Kapitel „Spielzeuge, die den Bildern das Laufen lehren“.)

man kann auch in einen Luftballon kleine Klicker oder Haselnüsse (mit Schale) stopfen. Den Luftballon aufblasen und dann die Kugeln oder Nüsse nahe am Mikrophon gegeneinander knallen lassen.

- *Wind:* Wenn wir mit einer Fusselbürste über ein Stück Seide streichen oder Seide rhythmisch über eine hölzerne Tischkante ziehen, klingt das auf der Cassette wie Wind. Die Geschwindigkeit, mit der wir den Stoff hin- und herziehen, bestimmt die Windstärke.
- *Schritte:* Zum Gehen benötigen wir einen Bogen Zeitungspapier, den wir zuerst zerknüllen und dann zusammendrücken und auseinanderziehen. Wenn wir jemanden durch trokkenen Schnee gehen lassen wollen, füllen wir Stärkemehl in ein Säckchen aus Trikotstoff und drücken es kräftig zusammen. Alte Cassettenbänder (vom letzten Bandsalat), mit denen wir rascheln, verwandeln sich im Recorder in einen Spaziergänger, der durch den Laubwald stapft.
- *Pferdegetrappel:* Wenn wir zwei halbe Kokosnußschalen im passenden Takt mit den Rändern zusammenschlagen, galoppiert ein Pferd aus dem Lautsprecher.
- *Feuer:* Wie ein Feuer knistert es, wenn wir nahe am Mikrophon ein Stück Cellophan zerknüllen.
- *Bootsfahrt:* Wir füllen eine große Plastikschüssel mit Wasser und tauchen ein flaches Holzbrettchen im Paddelrhythmus hinein. Nach jedem Ruderschlag das Wasser hörbar abtropfen lassen. Wenn wir mit der Hand in der Schüssel plätschern, erzeugen wir kleine Wellengeräusche.
- *Signalhörner:* Je nach erwünschter Tonart blasen wir dazu in kleine oder größere, leere oder verschieden hoch gefüllte Flaschen. Am besten setzen wir die Flasche an die Unterlippe; behutsam blasen! Eine mit Wasser halbvoll gefüllte Bierflasche klingt beispielsweise wie Dampfertuten.

- *Meeresrauschen:* Wer Meeresrauschen aufs Band zaubern will, streicht dazu am besten mit einer kleinen Bürste in kreisenden Bewegungen über ein Blech. Eine Brandung können wir erzeugen, wenn wir auf einem Kuchenblech zwei Bürsten gegeneinander bewegen.

- *Hallende Stimmen:*
  Wir stellen dazu das Mikrophon dicht an einen Plastikeimer und sprechen in eine lange Röhre aus Pappe, deren Ende wir in den Eimer halten.
- *Telefonstimme:* Nahe am Mikrophon sprechen wir mit zugehaltener Nase in einen leeren Joghurtbecher hinein.

Hörspiele selbermachen

Das ist sicherlich der komplexeste Teil aller Eigenproduktionen mit dem Cassettenrecorder. Hier ist zu bemerken, daß man mit Kindergartenkindern bitte keine Mammutproduktion in Angriff nehmen sollte. Bei mehr als 10 Minuten Cassetten-Laufzeit kann aus dem Spaß, bei dem eigentlich spielerische Elemente im Vordergrund stehen, schnell ein Zwang werden. Und da die Hörspiele der Kinder nicht sendefähig sein müssen, soll die perfekte Aufnahmetechnik nicht das primäre Ziel sein.*

* Die Hörspielautorin Marielouise Ritter hat die Cassette „Theophil das Krokodil" (Patmos Verlag, 1984, ab 5 Jahren) produziert, auf der man hören kann, wie Kinder und Erwachsene zusammen ein Hörspiel gestalten. Eine sehr schöne Idee, die

Themen für Hörspiele sind Ereignisse und Lebensbedingungen, die für die Kinder bedeutsam sind und deren Bearbeitung sie sich wünschen. Vielleicht finden Kinder die Themen, die sie bewegen, in Bilderbüchern dargestellt und greifen zu diesen Vorlagen. Dann kann man versuchen, sowohl die Bilder als auch die geschriebenen Worte mediengerecht und künstlerisch auszudrücken. Dazu stehen die Elemente Musik, Geräusche, Sprache und Stille zur Verfügung. In einer solchen Gemeinschaftsproduktion wird jedes Kind eine Aufgabe finden, die es interessiert und sich zutrauen kann. Die vielfältigen Aufgabenstellungen tragen dafür Sorge, daß es in solch einer Medienproduktion nicht nur um das hörbare Produkt gehen wird, sondern auch um soziale Prozesse in der Gruppe.

Wie man Stimmungen und Details musikalisch differenziert ausdrückt, können Sie zusammen mit den Kindern in den „Bildern einer Ausstellung" von Modest Mussorgsky erfahren. In meiner Kindergartenarbeit setze ich die von Maurice Ravel instrumentierte Fassung ein. Mussorgsky hat in zehn Bildern eines Malers versucht, die Stimmung, die die Bilder ausstrahlen und enthalten, in Musik umzusetzen. Kindern macht es viel Spaß, die Bilder wie den Gnom, das Ballett der Küken in den Eierschalen oder den Ochsenkarren mit den Ohren zu entdekken. Andere geeignete Titel sind „Peter und der Wolf" von Prokofieff oder die „Vier Jahreszeiten" von Vivaldi.

Zur musikalischen Gestaltung eines Hörspiels sind die Orff-Instrumente oder Musikinstrumente, die die Kinder selbst gebaut haben, bestens geeignet. Die Geräusche können echt oder synthetisch produziert werden. Die Rollen, die zu sprechen sind, teilen sich die Kinder auf.

Falls Sie Ideen und Lust zum Schreiben eines eigenen Hör-

---

anregt, dies auch selbst zu tun, und zusätzlich Spielimpulse und Ausschneidebögen und „Krokodilnachrichten" in einem Begleitheft bietet.

spieltextes haben, beachten Sie, daß der Text die Bilder, die nicht zu sehen sind, hörbar machen muß. Hören ist Kino im Kopf, und dazu eignen sich kurze klare Sätze besser als langatmige und schwierig aufgebaute Satzkonstruktionen.

„Kann ich das für zu Hause haben?“ Das ist die Frage der Kinder, wenn eine Gruppenproduktion entsteht. Dann gilt es, eine Person zu finden, die bereit ist, genügend Kopien zu ziehen. Kinder malen und gestalten gerne ihre eigenen Cassettenhüllen. Bei unserer letzten Hörspielproduktion im Kindergarten haben wir eine Ausstellung von selbstgemachten Cassettencovern gemacht. Viele Besucher haben sich die in den Glaskästen im Flur gezeigten Werke der Kinder angeschaut. Und eine kleine, selbst hergestellte Broschüre über Kindercassetten fand nicht nur bei dem Elternabend großen Anklang.

Tips und Praxisliteratur

Ausgewählte Hör-Cassetten zu Situationen und Themen, die im Kindergarten immer wieder Bedeutung haben:

- *Selbstvertrauen/Abenteuer*: „Das kleine Känguruh auf Abenteuer“ von Paul Maar, Baumhaus Verlag, ab 4 Jahren.
- *Kinderfragen:* „Geschichten für den allerliebsten Liebling“ von Rudyard Kipling, Patmos Verlag 1996, ab 5 Jahren.
- *Gefühle, Wut*: „Anna und die Wut“ von Christine Nöstlinger, Jumbo Verlag 1996, ab 5 Jahren.
- *Geliebt sein möchten:* „Petersilie Katzenkind oder Bist du meine Mama?“ von Gudrun Mebs, Patmos Verlag 1996, ab 6 Jahren.
- *Angst überwinden:* „Juli und das Monster im Klo“ von Silke Boie, Jumbo Verlag 1997, ab 4 Jahren.
- *Umweltschutz/Tiere*: „Stachel-Charlie“, Folge 1 bis 3, Deutsche Grammophon Junior 1994/1995, ab 6 Jahren.
- *Einschulung:* „Mini muß in die Schule“ von Christine Nöstlinger, Jumbo Verlag 1996, ab 5 Jahren.
- *Lieder für Kinder*: „Finger spielen – Hände tanzen. Handspiel-Lieder und Zappelverse“ von Dorothée Kreusch-Jacob, Patmos Verlag 1997, ab 4 Jahren.

- *Geburtstagslieder:* „Robert feiert Geburtstag“ von Robert, Deutsche Grammophon 1995, ab 5 Jahren.
- *Bewegungslieder:* „Hupp Tsching Pau!“ von Fredrik Vahle, Patmos Verlag, 1995.
- *Tanzlieder, modern:* „Tiger-Rap & Gummi-Twist“ von Margit Sarholz und Werner Meier, Verlag Sternschnuppe, 1997.

Bilderbücher, die Hörsituationen zum Thema haben:
- „Was kann Hasi hören?“ von Lucy Cousins. Ein Aufklapp-Buch, Verlag Sauerländer, 2. Aufl. 1992.
- „Herr Oska und das Zirr“ von Jutta Richter/Barbara Schumann, Middelhauve Verlag, München 1998.
- „Willy's Stadt“ von Linda England/Letizia Galli, Verlag pro Juventute, Zürich 1998.

3.3 Mit Kinderfilmen

Der Kinderfilm in der Gruppenarbeit

Bis ein Film durch die Tür des Kindergartens getragen wird, braucht es vielerorts einen speziellen oder festlichen Anlaß wie die nahenden Ferien oder das Osterfest. Denn in der Kindergartenarbeit wird der handlungsorientierte Einsatz von Kinderfilmen mit seinen vielfältigen erzieherischen Möglichkeiten noch längst nicht als selbstverständlich angesehen.

„Warum soll ich auch noch im Kindergarten mit Filmen arbeiten?“ Nicht selten wird dieser Frage wenig Raum zur Beantwortung gelassen, da die persönlichen Vorlieben von Erwachsenen an das als viel kindgemäßer bewertete Medium Bilderbuch gebunden sind.

Die altbekannte Realität ist aber die, daß Kinder zu Hause nicht nur Bilderbücher anschauen und Cassetten hören, sondern ebenso Fernseh- und Videofilme sehen. Und Tatsache ist ebenfalls, daß speziell für Kinder Filme und auch Fernsehsendungen produziert werden. Wenn sie verantwortungsvoll gemacht werden, beachten sie die Besonderheiten der kindlichen Wahrnehmung diesem Medium gegenüber und arbeiten sprachlich, bildlich und dramaturgisch mit den filmspezifischen Mitteln, die dem Verständnis der Kinder angemessen sind. Das bedeutet für das Kindergartenalter: gemäßigt schnelle Bildabfolgen und keine auf Action angelegten Kamerabewegungen und Änderungen der Einstellungsgrößen im Bild, ein Wechsel von Spannung und Entspannung, eine durchgängige, verständliche Erzählstruktur, nur eingeleitete oder vorangekündigte Rückblenden und ein differenzierter Einsatz von Sprache, Originaltönen und Musik.

Inhaltliche Forderungen an einen Kinderfilm sind in erster Linie die, daß das Kind als Zuschauer akzeptiert wird und seine vielfältige Lebenssituation als Ausgangspunkt für die Erlebnisse, Erfahrungen und Informationen dient, die der Film anbietet. Folgende Anforderungen sind dem Band „Der Kinderfilm von A bis Z“ entnommen:

„Regisseure, Autoren, Kinderkinomacher haben neue Akzente gesetzt, neue Kriterien entwickelt: Ein guter Kinderfilm ist ein Film, in dem Kinder ihren Träumen und Sehnsüchten nachhängen und zugleich ihre eigene Welt erkennen können, ein Film, der kindliche Bedürfnisse nach Spaß und Abenteuer befriedigt, der aber auch die Kinder ernst nimmt, ein Film, der

> *eine glaubhafte Geschichte erzählt, künstlerisch anspruchsvoll und professionell gestaltet ist, mit überzeugenden Darstellern, mit Humor und Melancholie, Realismus und Phantasie.*" (Lukasz-Aden, Strobel S. 7, 1988)

Sind diese Anforderungen erfüllt, dann kann ein Kinderfilm ebenso wie ein Bilderbuch Anregungen, Sichtweisen und Orientierungen bieten, mit deren Hilfe sich die Kinder in ihrer Lebenswelt zurechtfinden können.

Die Arbeit mit Filmen im Kindergarten ist beileibe noch nicht alltäglich, und immer wieder werden diesem medienpädagogischen Einsatz Abneigung und allerlei Vorurteile entgegengebracht. Diese beruhen unter anderem auch darauf, daß das Jugendschutzgesetz Kindern den Besuch einer Kinderfilmvorführung in einem öffentlichen Kino erst ab 6 Jahren erlaubt. Außerdem muß man wissen, daß die in der kommerziellen und meist auch in der nichtgewerblichen Kinoarbeit verwendeten Kinderfilme Langfilme von ca. 60 bis 90 Minuten sind, was für Kinder unter 6 Jahren von ihrer Konzentrationsfähigkeit her nicht einfach zu bewältigen ist. Für die Arbeit im Kindergarten aber setzt man die sogenannten Kurzfilme ein.

Bei einer Konferenz im Mai 1987 bewerteten die Jugendminister und Jugendsenatoren der Länder Fernseh- und Videofilme nicht als Bildungsmittel, die im Kindergarten einzusetzen sind. Oft wird diese Äußerung als übermäßig verbindlich dargestellt, auch fälschlicherweise als Verpflichtung verstanden und von manchen Trägern als Gegenargument für medienpädagogische Bestrebungen im Kindergarten gebraucht. Unter anderem auch, um die dringend notwendige Ausstattung der Kindergärten mit technischen Geräten abzuwenden.

Medienerziehung im Kindergarten durchzuführen ist aber durchaus sinnvoll, wenn dadurch Medienerlebnisse und Medienerfahrungen aufgegriffen werden oder für die Kinder bedeutende Situationen und Probleme aus ihrer Lebenswelt in den gemeinsam geschauten Filmen und Fernsehsendungen Ausdruck finden. Das beweisen auch wissenschaftlich begleitete und ausgewertete Projekte, beispielsweise des Deutschen Jugendinstituts in München. Und deswegen sollten Argumentationen solcher Art niemanden an einer pädagogisch orientierten Medienerziehung im Kindergarten hindern.

Geschichte und Situation des Kinderfilms

Bereits 1916 wurden für Kinder die ersten Märchen- und Scherenschnittfilme produziert. In den 30er Jahren entstanden beispielsweise die Puppentrickfilme der Gebrüder Diehl, deren bekannte Mecki-Filme sich heute noch im Verleih befinden und, verbunden mit einer Klavierbegleitung, immer wieder ein Erlebnis darstellen. Das nationalsozialistische Deutschland führte seinen Kindern meist Märchen- und Puppentrickfilme aus dem Jugendfilmverleih vor. Heile Welt und märchenhafte Idylle beherrschten mit wenigen Ausnahmen, wie etwa die Verfilmungen von Kästner-Büchern „Das doppelte Lottchen", „Pünktchen und Anton" und „Das fliegende Klassenzimmer", auch nach dem Zweiten Weltkrieg das Filmangebot für Kinder. Da die Filmproduktion schon immer erhebliche finanzielle Investitionen verlangt hat, riskierte auch in den 50er und 60er Jahren niemand Umsatzverluste durch neuere Themen, zumal die fortschreitende Entwicklung des Fernsehens harte Konkurrenz bedeutete und die Novellierung des Jugendschutzgesetzes ab 1957 den Kindern unter sechs Jahren den Besuch einer öffentlichen Kinoaufführung verbot.

Dieser Tiefstand der Kinderfilmproduktion wurde dann durch die Einführung staatlicher Fördermaßnahmen überwunden. Das Image des Kinderfilms hat sich nicht zuletzt durch die Bandbreite der in den 70er Jahren aufgegriffenen Themen verändert. Dazu haben auch die Institutionen beigetragen, die sich der Kinderfilmarbeit widmen, wie das 1977 gegründete Kinder- und

Jugendfilmzentrum und zahlreiche Initiativen, die eine nichtkommerzielle Kinderkinoszene geschaffen haben. Es gibt diverse Kinderfilmfestivals in der Bundesrepublik, die dafür sorgen, daß sich die Interessierten über neue deutsche und ausländische Produktionen informieren können. Vielerorts finden lokale Kinderkinowochen statt, in denen ein breitgefächertes Filmangebot, verbunden mit anderen Aktivitäten, angeboten wird.

Für die Arbeit im Kindergarten sind Filme erhältlich, die keine Kinolänge aufweisen und somit in der Arbeit mit jüngeren Kindern einzusetzen sind. Viele dieser Produktionen stammen aus dem Ausland, wo es kontinuierliche Kinderfilmproduktionen mit teilweise besserer Förderung als in der Bundesrepublik gibt. Die größte Auswahl solcher Filmtitel findet man bei den Verleihstellen der Städte und Kreise sowie bei den konfessionellen und Landesbildstellen.

Wann ist ein Filmeinsatz im Kindergarten angebracht?

Wer einen Film in der Gruppenarbeit einsetzt, sollte diesem nicht die Funktion des Selbstläufers und Lückenbüßers zuschieben.

Beweggrund, einen Film einzusetzen, kann die Tatsache sein, daß beim situationsorientierten Arbeiten Filme an Wünsche, Interessen und Motivation der Kinder anknüpfen. Solche Filme können dann in die Auseinandersetzung mit Situationsanlässen mit alltäglichen Ereignissen und Vorfällen aus Kindergarten, Elternhaus und Nachbarschaft mit einbezogen werden. Filminhalte dienen den Kindern auch als Vergleichsgrundlage für die Realität, in der sie selbst leben. Durch vergleichbare Situationen und Probleme im Film werden Kinder ihre persönliche Situation oft besser erkennen und durchschauen. Auch ein geplantes und im Kindergarten behandeltes Thema kann Auslöser für einen Filmeinsatz sein. Wenn ein Film Inhalte eines Themenplans aufgreift und unterstützt, kann er das Wissen der Kinder erweitern und bereits vorhandene Erkenntnisse vertiefen.

Eine medienpädagogische Filmarbeit im Kindergarten kann vielfältig informieren und unterhalten, kindliche Gedanken und Gefühle bewegen, Verhaltensformen und Probleme einsichtig machen, die Sozialerziehung unterstützen, Gespräche und Beschäftigungen anregen.

Wie kann man Kinderfilme kennenlernen?

Für das Filmeanschauen mit den Kindern gilt generell die Regel, daß man den Film, den man einsetzen will, auch kennen muß. Das heißt natürlich, daß man ihn sich anschaut, um überprüfen zu können, ob er den Erwartungen, die man an ihn stellt, auch standhalten kann, kurzum: ob man ihn einsetzen möchte. Da in der Kindergartenarbeit gewisse Themen immer wieder vorkommen, werden auch bestimmte Filme immer wieder einsetzbar sein. Wenn man diese geeigneten und seinen pädagogischen Zielsetzungen entsprechenden Filme kennenlernen will, empfiehlt es sich, nach Sichtungsangeboten bei den Bildstellen zu fragen oder eine gemeinsame Sichtung mit Kolleginnen zu organisieren. Das hat den Vorteil, daß man seine Meinungen und Bewertungen austauschen kann und der Aufwand, der mit der Vorbestellung und Ausleihe verbunden ist, reduziert wird. Vielerorts haben ErzieherInnen thematisch und zeitlich frei disponierbare Stundenkontingente zum fachlichen Austausch. Oft wird ein Teil dieser Zeit auch von mehreren Kindergärten gemeinsam als Arbeitsgemeinschaft gestaltet. Dies ist ein idealer Rahmen, um sich im Kinderfilmangebot einen Überblick zu verschaffen, sich fortzubilden und in Zusammenarbeit medienpädagogische Aktivitäten zu planen.

Welche Gestaltungsformen hat der Kinderfilm?

Bei der Beantwortung dieser Frage geht es nicht um die thematische Zuordnung – also Märchen-, Abenteuer- oder Tierfilm –, sondern um die unterschiedlichen Formen und Techniken bei der Produktion von Kinderfilmen. Wer mit Kindern Filme schaut, sollte darauf Wert legen, daß sie die Vielfalt dessen, was Film von seiner ästhetischen Machart ist, erleben können. So wie bei Bilderbüchern differenzierte Gestaltungsstile und Inhalte Kinder unterschiedlich ansprechen, erreichen und letztendlich bewegen, ist das auch beim Film der Fall. Und damit die Kinder diese entscheidende Erfahrung machen können, müssen Erwachsene die entsprechende Medienauswahl anbieten.

Als *Trickfilm* wird bei uns all das bezeichnet, was richtiger als *Animationsfilm* zu betiteln ist: Eigentlich Lebloses wird belebt (animiert), indem es in Bewegung versetzt wird. Das können Zeichnungen wie im Zeichentrickfilm oder unterschiedlich hergestellte Puppen wie im Puppentrickfilm sein. Auch Scherenschnitte und einfache Objekte wie ein Radiergummi oder eine Kaffeetasse können im Film bewegt werden: Die Filmbilder werden mit einer Filmkamera einzeln aufgenommen, und das Objekt wird zwischen jeder Aufnahme mit der Hand bewegt. Die aufeinanderfolgenden Abbildungen zeigen von Bild zu Bild nur kleine Differenzen. Beim Vorführen des Films laufen die einzelnen Bilder mit großer Geschwindigkeit durch den Projektor, so daß man auf der Leinwand das abgefilmte Objekt in einer fortlaufenden Bewegung sieht.

Durch diesen Trick können im Animationsfilm alle erdenklichen und in der Wirklichkeit nicht existierenden Inhalte umgesetzt werden. Und weil es kaum Grenzen in der Darstellung gibt, wird überwiegend diese Herstellungsmethode für die filmische Umsetzung der oft märchenhaften und phantastischen Kindergeschichten verwendet. Bei computeranimierten Trickfilmen werden die Zeichnungen mit Hilfe von Computerprogrammen hergestellt und bewegt. Das verbilligt die Produktion, wodurch sich Filme schnell und massenhaft herstellen lassen, was leider meist nicht der Qualitätssteigerung dient, wie sich in den Trickserien im privaten Fernsehen unschwer erkennen läßt.

Neben dem Animationsfilm greift auch der *Realfilm* kindgerechte Themen und Situationen auf. Wenn er gestaltete Realität beinhaltet, wird er als Spielfilm bezeichnet, zeigt er dokumentarische Bilder, beispielsweise aus dem Leben eines Tieres, hat er Dokumentationscharakter.

Die Auswahl von Kinderfilmen

Ein Anhaltspunkt zur Filmauswahl ist die Zielgruppe, die beim Filmeinsatz für Kindergartenkinder klar definiert ist, mit der man arbeitet und somit die Kinder kennt. Beim gemeinsamen Filmeschauen in einer Kindergruppe werden unterschiedliche Reaktionen auf den Film erfolgen. Vieles wird von der medialen Vorerfahrung der Kinder, von ihrem Entwicklungsstand, aber auch von ihrer persönlichen Tagesverfassung und der Gruppensituation abhängig sein.

Um Kinderfilme und Kinderfernsehsendungen für die Arbeit im Kindergarten auszuwählen, sind die nachfolgenden Anhaltspunkte zu beachten:

- Sind Ansätze für gemeinsames Interesse geboten?
  - Können sich die Kinder in der Filmsituation wiederfinden?
  - Bietet der Film den Kindern eine Identifikationsfigur an?
  - Kommt der Film den pädagogischen Zielvorstellungen der Erzieherin entgegen?
- Werden gesellschaftliche Zusammenhänge aufgezeigt, die für die Kinder erkennbar sind?
  - Werden wirklichkeitsnahe Probleme thematisiert? (Sozialverhalten, Arbeitswelt/Arbeitslosigkeit, Familienleben, Freizeitgestaltung, Umwelt/Naturschutz, Technik)
  - Zeigt die Handlung unterschiedliche Interessen auf?
  - Sind spezielle geschlechtsspezifische Rollenmuster zu erkennen?

- Welcher kindliche Entwicklungsstand wird vorausgesetzt?
  - Werden unterschiedlich alte Kinder von dem Film angesprochen?
  - Ab wieviel Jahren ist die Filmhandlung verständlich?
  - Ist die Aussage, die Botschaft des Films zu verstehen?
- Sind in dem Film für Kinder wichtige Lebenssituationen dargestellt?
  - Können sich die Kinder mit diesen identifizieren?
  - Sind ihnen die im Film vorgeführten entwicklungsbedingten Problemsituationen (beispielsweise: Verbote, Streit, Angst) vom Entwicklungsstand her bekannt?
  - Werden sich die Kinder mit vergleichbaren Problemen künftig auseinandersetzen müssen?
  - Mit welchen Emotionen arbeitet der Film? Ist er lustig oder traurig, spannend oder langweilig? Schafft er Angst oder nimmt er Angst? Macht er Mut, schafft er Zuversicht?
  - Wird die Handlung real, phantastisch oder durch Komik dargestellt?
  - Kann er auch das Unterhaltungsbedürfnis der Kinder zufriedenstellen?
- Welche sozialen Gefüge und Beziehungen und welche sozialen Möglichkeiten des Handelns werden den Kindern aufgezeigt?
  - Handelt der Film von einer Person, oder ist er auch auf eine Gruppe bezogen?
  - Sind Gemeinsamkeiten erkennbar? (Interesse, Alter, Lebenssituationen)
  - Werden Zusammenhänge von Problemen aufgezeigt, über Ursachen und Hintergründe informiert?
  - Werden Möglichkeiten für gemeinsame Problemlösungen angeboten, sind diese übertragbar?
  - Ermuntert die Filmhandlung, sich alternative Lösungen vorzustellen?

- Welche Wissensvermittlung erfahren die Kinder durch den Film?
- Sind das neue und wichtige Informationen, Zusammenhänge und Hintergründe?
- Läßt sich das Thema des Films durch erfahrungsbereichernde und handlungsorientierte Angebote erweitern oder vertiefen?

■ Welche kindlichen Phantasien und Wünsche kann der Film freisetzen?

Wie und wo kann ich Filme und Geräte ausleihen?

Verleihstellen

Jeder Kindergarten kann sich Medien zum Einsatz für die Gruppenarbeit beschaffen, denn als Erzieherin sind Sie berechtigt, Filme, Video- und Toncassetten und Dias bei den Kreis- und Stadtbildstellen kostenlos auszuleihen. Die Stadt-, Kreisbild- und Außenbildstellen sind der Landesbildstelle angegliedert, bei der die Filme für Sie bestellt werden, die vor Ort nicht im Verleih sind. So ist gewährleistet, daß Sie alle im Bildstellenkatalog aufgeführten Medien einsetzen können. Dies, und überhaupt die Ausleihe bei allen Stellen, bedarf einer rechtzeitigen Bestellung und somit auch längerfristigen Einsatzplanung. Vielerorts haben die Bildstellen einen Fahrtendienst, der die bestellten Medien in die Einrichtung bringt.

Auch die Evangelische und Katholische Kirche verfügen über eine Reihe von Medienverleihstellen, und zusätzlich steht Ihnen das Angebot der Landesfilmdienste zur Verfügung. Der Filmverleih bei diesen Stellen ist meistens gebührenfrei, eventuelle Versandkosten dagegen trägt der Entleiher. In der Regel gibt es bei den Bildstellen auch Referenten, die für die außerschulischen Einrichtungen zuständig sind und beraten und informieren können.

Ein Verzeichnis der Bildstellen im Bundesgebiet finden Sie im Anhang. Genügend Angebote, um richtig auszuwählen, sind also vorhanden. Einen Überblick über diese verschaffen die Verleiher-Kataloge der jeweiligen Stellen, die Sie sich besorgen sollten.

Kinderfilmkataloge

„Filme für Kinder und Jugendliche" – dieser Verleihkatalog enthält 380 Filmbeschreibungen und Informationen zum 16 mm-Verleihprogramm des Bundesverbandes Jugend und Film e.V. (BJF) und des Kinder- und Jugendfilmzentrums in Deutschland (KJF). Die beschriebenen Titel sind Filme mit längeren Laufzeiten, also keine Kurzfilme. Filme für Kinder von fünf bis acht Jahren enthalten die „Kurzfilmkisten", die außerdem noch Bücher und Begleitmaterialien zu einem bestimmten Themenkreis enthalten. Der jährlich neu erscheinende Katalog und die CD-ROM sind zu beziehen beim BJF.

Die Empfehlungsliste „Top-Videos" erscheint viermal jährlich und stellt auf vier Seiten neue Videos für Kinder und Jugendliche vor. Die Besprechungen informieren sowohl über Verleihcassetten als auch über Kaufcassetten. Die letzteren sind nicht unbedeutend für die Empfehlungen, die an Eltern und andere Privatpersonen weitergegeben werden.

Zu beziehen ist die kostenlose Liste beim Kinder- und Jugendfilmzentrum in Deutschland, Anschrift s. S. 224.

Die Sache mit dem Projektor ...

Sicherlich ist die weitverbreitete weibliche Technikscheu mit ein Grund, warum die praktische Medienpädagogik im Kindergarten ein Schattendasein führt. Aber nicht zu viel Respekt vor den Geräten! Egal, ob Videorecorder oder Filmprojektor: Sie sind genauso handhabbar wie elektronische Nähmaschinen oder andere vertraute Haushaltsgeräte. Für die Bedienung eines Projektors braucht man einige Grundkenntnisse, die bei den Bildstellen in Kursen vermittelt werden. Der Erwerb dieses sogenannten Filmvorführscheins ist die Voraussetzung, um Projektoren für die 16 mm-Film-Arbeit ausleihen zu können. Oftmals ist es für den Kindergarten möglich, ein Vorführgerät in der Schule zu entleihen, und nicht selten gibt es irgendwo einen wenig benutzten Projektor, der vielleicht viel besser in einem medienpädagogisch aktiv arbeitenden Kindergarten stationiert ist! Machen Sie sich mit Vorführgeräten vertraut, erproben Sie ihre Benutzung, und Sie werden bald über genügend technische Sicherheit verfügen, mit der Sie die Geräte nicht mehr als unberechenbare Gegenüber erleben.

Grundsätzliches zum Vorführen und gemeinsamen Anschauen von Filmen

Für die Vorführung benötigt man den Film, das Vorführgerät samt Filmspule, eine Leinwand (Leintuch oder eine weiße Wand genügen zur Not auch), eventuell eine Verlängerungsschnur, eine Ersatzbirne für den Projektor, eine Taschenlampe, eine kleine Leuchte und einen verdunkelbaren Raum. Für die Kinder ist es ein Erlebnis, den ganzen Aufbau und die Vorbereitung mitzuerleben, wobei die Anwesenheit von zwei Erwachsenen sinnvoll ist. Oft interessieren sich die Kinder dafür, wie der Filmprojektor funktioniert; eine kurze kindgemäße Erklärung finden sie meistens sehr spannend. Die Hinführung zum gemeinsamen Anschauen sollte nicht zu lange dauern, denn wenn alles erst einmal steht, haben die Kinder keine Geduld mehr zum Hinhören. Die Dunkelheit bei der Vorführung schafft eine besonders intensive Atmosphäre und, nach der häufig vorhandenen Lust, mit Schatten zu spielen, viel kindliche Aufmerksamkeit. Wie bereits erwähnt, erleben Kinder eine sehr aktive Auseinandersetzung mit dem Filminhalt, die sich unter anderem auch in Bewegungsbedürfnis ausdrücken kann. Günstig hierfür ist zwangloses Sitzen auf dem Fußboden, auf Matten, Teppichen oder ähnlichem. Während der Vorführung empfiehlt es sich, eine kleine Lichtquelle in Türnähe zu installieren, da es immer wieder vorkommt, daß Kinder kurz den Raum verlassen möchten oder andere keine dunklen Räume mögen. Falls man während der Vorführung am Projektor die Schärfe oder Lautstärke zu regeln hat, tut eine Taschenlampe gute Dienste.

Die Qualität einer Filmvorführung liegt an spezifischen Faktoren wie dem großen Bild, dem verdunkelten Raum und der Intensität der Farben. Hierdurch wird die visuelle Wahrnehmung erleichtert, die Kinder haben ein intensives Filmerleben, und meistens sind sie von solch einem „Kinoerlebnis" außerordentlich fasziniert.

Die Vorführung mit dem Projektor ermöglicht auch kreativauslösende Faktoren: Die Filmbilder können rückwärts laufen, das heißt beispielsweise: einer, der gerade ins Haus gegangen ist, kommt rückwärts wieder heraus; sie können durch die Standprojektion einfach stehenbleiben, sie können ohne Ton gezeigt werden, was zur eigenen Vertonung mit Geräuschen, Sprache und Musik anregen kann; umgekehrt kann der Ton ohne Bild laufen, oder die Filmhandlung kann an einer Stelle abgebrochen und später weitergespielt werden. Das letztere mute ich Kindern allerdings nie bei der ersten Vorführung zu, da ich die Meinung vertrete, daß sie auch das Recht haben, daß sich eine grundlegende Erwartung, die jeder mit dem Filmanschauen verbindet, erfüllt: Das ist der natürliche Wunsch, einen Film in seiner Gesamtheit erleben zu können. Sinnvollerweise leiht man die Filme für mehrere Tage aus, damit man sie einige Male anschauen kann, was die Kinder sehr schätzen. Denkbar ist es auch, eine andere Gruppe einzuladen oder dieser den Film auszuleihen.

Kreatives nach dem Film ...

Bei interessanten und gelungenen Kinderfilmen ist es sehr naheliegend, aus der Spielhandlung oder ausgehend von Objekten, die im Film vorkommen, eine Idee zur Gestaltung einer Aktivität nach dem Film vorzubereiten. Schließlich setzt man den Film auch im Zusammenhang mit pädagogischen Überlegungen ein, und diese sind der zweite Impuls, von dem man die handlungsorientierte Auseinandersetzung mit dem Gesehenen gestalten kann.

Denn während der Filmvorführung sind die Kinder keineswegs passiv. Sie setzen sich vielmehr aktiv mit dem Gezeigten auseinander. Sie leisten sehr viel, wenn sie zuschauen: Sie nehmen wahr, erfahren neue Perspektiven und erleben, was sie sehen, oft sehr gefühlsbetont. Denn je mehr sie sich im Film mit ihren Wünschen oder Problemen wiederfinden, desto emotionaler sind sie beteiligt. Dies ist auch beabsichtigt, wenn ein Film eingesetzt wird, und deshalb schafft man nach dem Film einen Rahmen, in dem sich die Kinder mit dem Gesehenen auseinandersetzen und dieses spielerisch reflektieren können. Gerade das Nachspielen von Filmhandlungen ist ein kindgemäßes Ausdrucksmittel für Filmerlebnisse und dadurch entstandene Emotionen.

Jeder Film braucht seine besondere Form der Nachbereitung, für die wir vielerlei methodische Möglichkeiten haben. Und für welche der Methoden ich mich letztendlich entscheide, hängt wiederum davon ab, welche Gedanken mich veranlaßt haben, den Film einzusetzen. Wenn ich zu einem bestimmten Inhalt des Films weitere zusätzliche Informationen vermitteln möchte, gestalte ich die Nachbereitung anders, als wenn ich ein gewisses Verhalten einer filmischen Identifikationsfigur aufgreifen möchte. Und wenn die Kinder konkrete Filmszenen auf ihre Lebenssituation beziehen sollen, dann kann ich wieder einen anderen Handlungsrahmen anbieten.

Ja nach Intention und Zielsetzung stehen nun die methodischen Entscheidungen an: Es wird gestaltet, gemalt, gekocht, erzählt, gespielt oder sich bewegt. Eine ausschließlich verbale Form der Nachbereitung, wie reines Nacherzählen oder gar Abfragen, etwa nach dem Motto: „Wie war das, als die sich gestritten haben?“, sollte man vermeiden und die aktiven und kindgemäßen Methoden bevorzugen.

Die folgende Methodensammlung muß natürlich mit den vom Film ableitbaren Ideen verbunden werden, wobei auch verschiedene Aktivitäten kombinierbar sind.

Malen und Gestalten

Dies kann frei oder angeleitet mit den verschiedensten Materialien geschehen.

- Jedes Kind malt das, was ihm im Film am besten gefallen hat, oder die Figur, die es am liebsten wäre. Hierbei erzählen und tauschen die Kinder sehr viel über das Gesehene aus.
- Jedes Kind malt ein bestimmtes Bild der Filmhandlung; diese Bilder werden zu einem Filmstreifen zusammengeklebt, der durch die Schlitze eines selbstgebastelten Kino-Film-Kastens gezogen wird.

- Auf Papier zeichnen Sie einen Filmstreifen mit drei Bildfeldern, in das mittlere malen Sie ein Bild aus dem Film. Die Kinder malen, was davor und danach zu sehen war.
- Gestalten von Figuren oder Objekten aus dem Film mit Knete, Salzteig, Gips, oder diese aus Papier, Stoff, Holz oder wertlosem Material (Schachteln, Becher, Korken usw.) basteln.
- Ein Filmbild gemeinsam als Collage aus Papier, Stoff oder Naturmaterialien anfertigen.
- Gestalten von Masken und anderen entsprechenden Hilfsmitteln zum Nachspielen, wie beispielsweise Tierschnäbel oder Tierohren, Flügel usw.
- Attribute und Merkmale einer Filmfigur können sich die Kinder auch mit Hilfe von Schminke aufmalen: beispielsweise den Schnurrbart des Maulwurfs, der im Film die Hauptrolle spielt.

Kochen und Mahlzeiten

- Bei Filmen, die ein lukullisches Ereignis enthalten, kann man mit den Kindern dementsprechende Speisen zubereiten. Wenn ein Film beispielsweise Lebenssituationen anderer Länder vermittelt, bietet es sich an, die dort typischen Gerichte zu kochen.

Erzählen und Vorlesen

- Viele Kurzfilme beruhen auf Vorlagen von Bilderbüchern (beispielsweise Leo Leoni-, Janosch- und Helme-Heine-Verfilmungen, Maulwurffilme), die man vor oder nach dem Film verwenden kann.
- Erzählungen und Sachgeschichten, die mit der Filmhandlung zu tun haben oder zu einzelnen Situationen und Figuren informieren, können eingesetzt werden.

- Ausgehend von Figuren, Objekten oder Situationen der Filmhandlung kann man den Kindern weiterführende Geschichten erzählen oder diese gemeinsam ersinnen.

Spielen nach dem Film

- Die Kinder spielen Teile der Filmhandlung nach, die sie besonders beeindruckt und ihnen gefallen haben. Solche Rollenspiele kann man anleiten oder frei spielen lassen. Bereitgelegte Requisiten wie Kleider oder Gegenstände, die in der Filmhandlung eine besondere Bedeutung haben, erhöhen den Aufforderungscharakter, Handlungsteile des Films selbst zu spielen.
- Handpuppen oder Masken, Schminke und auch selbstgefertigte Utensilien erleichtern es den Kindern, in eine Rolle zu schlüpfen und diese spielerisch zu erfahren.
- Auch Spielformen wie Schattenspiel (beispielsweise bei den Scherenschnittfilmen von Lotte Reiniger) oder Pantomime (bei Charlie Chaplin oder ähnlichen Slapstickfilmen) sind bei speziellen Filmanlässen geeignet.
- In einer vorbereiteten Spielaktion werden Aktivitäten angeboten, die in einem thematischen Bezug zum Film stehen. Dies können verschiedene Spielformen wie selbstentwickelte Brettspiele, Gruppenspiele, Singspiele oder Bewegungsspiele sein, die mit den oben erwähnten Methoden kombiniert werden können. Zum Film „Oh, wie schön ist Panama“ kann sowohl eine Tigerente als auch ein Bärentanz gemacht, eine Flußfahrt gespielt und das Bilderbuch angeschaut werden.

Eine Auswahl empfehlenswerter Kinderfilme für die Kindergartenarbeit

In den folgenden Beschreibungen finden Sie Filme, die derzeit ausleihbar sind. Zu entleihen sind sie bei den Landesbildstellen

(Anschriften siehe Anhang) und teilweise auch bei den evangelischen und katholischen Medienstellen sowie bei den Landesfilmdiensten. Wenn Sie in den entsprechenden Katalogen Ihres Bundeslandes oder Ihrer Region nachschlagen, werden Sie den Filmbestand finden, der Ihnen zur Verfügung steht.

Zugvögel

16 mm und VHS, Animationsfilm mit Realteilen, 7 Minuten, BRD 1997, Regie: Christina Schindler, ab 5 Jahren.

Draußen im Garten fallen Schneeflocken, drinnen im Wohnzimmer sitzen arbeitend der Vater und gedankenverloren der Sohn: „Du Papa, wo sind die ganzen Vögel, die sonst im Garten sind?" „Die sind unterwegs, das sind doch Zugvögel. Die sind wie jedes Jahr auf dem Weg in die Sonne", bekommt er von seinem Vater als Antwort. In der Phantasie des Jungen rattert aus einem verschneiten Winterwald ein Zug, in dem eine bunte Vogelschar hockt und in den Urlaub im Süden reist. „Familie Zugvogel" hat dort viele Ferienerlebnisse, die sich der Junge, ausgehend von Bildern und Erinnerungen an den eigenen letzten Familienurlaub, phantasievoll ausmalt.
Themen: Familienleben, Ferien, Grenzgänge zwischen Phantasie und Realität, kommunikative Mißverständnisse zwischen Erwachsenen und Kindern.

Rinnsteinpiraten

16 mm und VHS, Real- und Animationsfilm, 11 Minuten, BRD 1993, Regie: Christina Schindler, ab 5 Jahren.

Auf der Straße hockt ein Kind und faltet ein Papier-Schiffchen. Kaum dümpelt das in einer Pfütze, droht es im Regenschauer zu versinken. Plötzlich aber entern drei seltsame Gestalten den untergehenden Kahn und übernehmen das Kommando. Eine rasante Abenteuerfahrt durch den Rinnstein beginnt. Der dort von achtloser Menschenhand deponierte Unrat wird von den struppigen Gesellen aufgegabelt und ziemlich kreativ verwendet: Ein Kronkorken wird zur Kopfbedeckung, eine Schraubenmutter ziert punkermäßig die Fellhaare, und ein Kaugummi rettet das Schiff sogar vor dem Untergang.

Absoluten Mut zeigen die sympathischen Piraten in den existenzbedrohenden Situationen mit einer Kehrmaschine, einem riesigen Hund und dem Berliner Straßenverkehr. Daß sie letztendlich nicht im Gulli des Rinnsteins enden, sondern wundersamerweise am blauen Himmel wieder auftauchen, dafür sorgen ihre Lust am Dasein und das Blatt Papier, das ihr abenteuerliches Leben wahr werden ließ. Ohne Sprache, mit einer fesselnden Musik, erzählt dieser Film seine reizvolle Geschichte in einer interessanten Mischung aus Real- und Trickfilm.
Themen: Freundschaft, Zusammenhalt, Abenteuer, Phantasie, Lebensmut und positive Grundeinstellung, Müll und Unrat.

Tunnel

16 mm und VHS, Animationsfilm, 7 Minuten, BRD 1992, Regie: Roland Zöller, ab 4 Jahren.

Es bimmelt, und die Schranken eines Bahnübergangs senken sich. Zu rhythmischer Musik fährt eine schnaufende Dampflokomotive ins Bild. Auf dem offenen Waggon steht eine tierisch musikalische Besatzung. Krokodil, Spinne, Elefant, Nilpferd und Frosch aber haben Probleme, die Tunnel zu durchfahren. Immer wieder tauchen sie total rußgeschwärzt aus dem Dunkel auf. Alle Versuche, das zu verhindern, mißlingen komplett. Schadenfreudig betrachtet die Tierband, wie der Elefant, durch eine Vollbremsung der Lok, in einer Pfütze landet. Aber genau die gibt den Anstoß für die phantastische Lösung des rußigen Tunnelproblems.
Themen: eingefahrene Gleise verlassen, kreativ sein, Probleme gemeinsam und spielerisch lösen.

Marvellous Milly

16 mm und VHS, Animationsfilm, 6 Minuten, BRD 1998, Regie: Alexandra Schatz, ab 5 Jahren.

Milly und Sam sitzen mit Buntstiften und Zeichenblättern am Küchentisch – sie haben wieder mal ein „Was-tun-wir-nur-mit-dem-Drachen-Treffen“. Black Cat, die Katze mit den Zauberkräften, ist auch mit von der Partie. Die zwei malen vor sich hin und rätseln, ob es in der Höhle wohl einen Drachen gibt oder nicht. Millys Vater schlägt vor, der ganzen Sache nachzugehen. In der schaurig-gespenstischen Drachenhöhle erlebt besonders Sam viel Angst. Um die zu verjagen, wird eine Drachenalarmmaschine gebaut, deren blubbernde und fauchende Musik dies wunderbar schafft und Milly und Sam so begeistert, daß sie ab sofort selbst Drachenmusik machen.
Themen: Phantasie, Abenteuerlust, Angstbewältigung, Rollenbilder, Musik- und Geräuschmaschinen.

Luzie taucht unter

16 mm und VHS, Animationsfilm, 9 Minuten, BRD 1993, Regie: Barbara Kirchner und Alexandra Schatz, ab 5 Jahren.

Ein Sonntagmorgen im Zoo: Luzie, ein kleines selbstbewußtes Krokodilmädchen, versucht ihre Eltern zu wecken – vergeblich. Da schwimmt sie eben im nahegelegenen Teich alleine gegen die Langeweile an. Am Grund entdeckt sie einen Stöpsel, den sie einfach herauszieht. Und schon beginnt ein aufregendes Abenteuer, denn Luzie wird vom abfließenden Wasser in die unterirdische Kanalisation gezogen. Da sie dort auf Rupp trifft, einen kleinen Rattenjungen, und dessen Mama, die weiß wo's langgeht, ist die Langeweile bald dem Abenteuer gewichen …
Themen: Begegnung mit Unbekanntem, Ängste bewältigen, Abenteuer erleben, selbständig handelndes Mädchen, Freundschaft schließen, Umwelt – Kanalisation.

Das Flederschwein in der Unterwelt

VHS, Animationsfilm, 7 Minuten, BRD 1997, Regie: Sabine Huber, ab 4 Jahren.

Der dicke lila Nimmersatt terrorisiert die Unterwelt. Kugelrund vor Habgier und Freßlust läßt er sich von seinem Fußvolk Tonnen von Karotten servieren. Das Flederschwein beobachtet das geheimnisvolle Verschwinden der Rüben. Und wie es unter dem Rübenacker der Sache auf den Grund geht, wird es im lebensgefährlichen Zweikampf doch tatsächlich fast von dem Monster gefressen. Aber als Retter der Unterwelt kommt es mit heiler Haut und einwandfreiem Super-Schwein-Umhang noch einmal davon. Und weil es den dumpfen Fiesling so heldenhaft besiegt und die Unterweltbewohner von ihrer Fron befreit hat, endet das Ganze mit einer entspannten Himbeer-Party …
Themen: List besiegt Stärke, Helden, Abenteuer.

Little Wolf

16 mm und VHS, Zeichentrickfilm, Farbe, 6 Minuten, Großbritannien 1992, ab 5 Jahren.

Zusammen mit vier großen Wölfen jagt der kleine Wolf hinter einem Schaf her. Zwischendurch heult die Meute kräftig den aufgehenden Mond an, dann geht die Jagd wieder weiter. Nur der kleine Wolf will anderes: Er findet den Mond richtig nett und verwickelt sich in ein Spiel mit ihm. Plötzlich aber steigt der auf, und beide hängen hoch oben am Himmel. Da oben baumelnd, weiß er sich anfänglich noch die Zeit zu vertreiben. Schließlich aber ist ihm nach festem Boden der Sinn, und er will wieder runter. So jault er kurzerhand kräftig um Hilfe. Die großen Wölfe versuchen ihn zu retten, scheitern aber und können ihm nicht aus der Patsche helfen.

Wenn aber der Tag kommt, geht die Sonne auf – und der Mond geht unter. Und so endet das Abenteuer des kleines Wolfes auf ganz natürliche Weise wieder auf dem Boden. Gemein-

sam mit dem Schaf tanzt der Wolfsclan einen Reigen und feiert gebührend die Rettung von Little Wolf.
Themen: Große sind für Kleine verantwortlich, Abenteuer meistern, Hilfsbereitschaft.

Tiger

16 mm und VHS, Kurzspielfilm, Farbe, 15 Minuten, Niederlande 1993, ab 5 Jahren.

Lakonisch und sehr amüsant erzählt Max von sich, von seinen getrennt lebenden Eltern und vor allem von seinem kleinen Bruder George. Das wichtigste auf der Welt ist für diesen sein Stoff-Tiger. Als der an einer Autobahnraststätte vergessen wird, nützen selbst die einfallsreichen Ablenkungsmanöver der Großeltern nichts – George ist untröstlich und vor allen Dingen schlaflos. Weder im kleinen Spielzeugladen noch im riesigen Spielwarenmarkt ist ein Ersatz für Tiger zu finden. Auf dem Rummel aber passiert es: George entdeckt in den Regalen einer Wurfbude den gleichen Tiger wie seinen vermißten. Klar, daß Max als großer Bruder nun gefordert ist, diese Trophäe zu werfen … Und glücklicherweise gibt der letzte Wurf der Büchse den Rest – und George bekommt seinen Tiger! Brüderliches Freudengeheul. Der Kleine hält seinen neuen Tiger im Arm, ab sofort aber ist der große Bruder schlaflos: denkt er doch immer an das nette Mädchen von der Wurfbude … Eine gefühlsintensive, überzeugend dargestellte Alltagsepisode aus dem Kinderleben.
Themen: Geschwisterbeziehung, Spielzeug als Kindheitsbegleiter, Trauer um den Verlust eines geliebten Spieltiers.

Juli und das Monster im Klo

VHS und 16 mm, Trickfilm, Farbe, 8 Minuten, BRD 1994, ab 4 Jahren.

Juli ist ungefähr fünf, ein gewitzter Knabe mit kleinen Problemchen, der eine oft überzeugend kindliche Logik an den Tag legen kann. Bevor er sich heute auf den Weg in den Kindergarten

macht, soll er schnell noch mal aufs Klo. Aber genau da liegt das Problem begraben, besser gesagt das Monster, denn immer wenn er aufs Klo geht, sitzt da so ein unheimliches Etwas und wartet auf ihn. Klar, daß das auch im Kindergartenklo lauern könnte. Deswegen will Juli dort auf gar keinen Fall alleine hin. So passiert ihm das ziemlich Allerschrecklichste, was einem „Großen" im Kindergarten passieren kann: Juli macht in die Hosen. Natürlich ist die Erzieherin gar nicht erfreut über das Malheur, und die anderen lachen ihn ganz schön aus. Peinlich, peinlich ..., aber Kathrin kann Juli helfen: Sie kennt solche Situationen auch, und vor allen Dingen weiß sie, wie man Klomonster erfolgreich überlisten kann ...
Themen: Ängste bewältigen, Problemsituationen überwinden, phantasievolle Lösungen für Probleme finden.

Sientje

VHS, Animationsfilm, Farbe, 5 Minuten, Niederlande 1997, ab 4 Jahren.

Sientje ist vier und so richtig sauer. Sie hatte Streit mit den Eltern, und nun steht sie da, allein in ihrem Zimmer. Vor lauter Wut und Ohnmacht beschmiert sie die Wände, trampelt auf ihrem Teddy herum und schleudert Kissen durch den Raum. Als sich schließlich die Zimmertür öffnet und Mama dort steht, stürmt Sientje in ihre Arme – und alle Wut ist vergessen. Ein mit einfachen Mitteln umgesetzter und psychologisch stimmiger Film, der Kinder zur Diskussion und zum Beobachten auffordert.
Themen: Streit, Wut, Aggressionsbewältigung.

Der Film vom Fühlen

16 mm, Farbe, 8 Minuten, Kanada 1987, ab 4 Jahren.

Dieser Realfilm zeigt Bilder, die der Zuschauer fühlen wird. Ohne daß ein Wort gesprochen wird, entsteht beim Betrachten ein Wechselbad von heiß und kalt, rauh und sanft, warm und

kühl. Die stimmige Musik und die Geräusche intensivieren die Gefühle, wenn etwa eine sattrote Tomate aufplatzt, Finger einen Fleischteig kneten, die Zunge über ein Eis schleckt, das Hundefell gekrault oder eine Echse gestreichelt wird. Wenn Babyfüße über einen sattgrünen Rasen stapfen oder ein Regenwurm über eine Hand krabbelt, erlebt und spürt man beim Zuschauen diese sinnlichen Eindrücke. Ein Film, der sich bestens mit Kimspielen verbinden läßt und groß und klein zum Fühlen animiert.
Themen: Wahrnehmungsförderung, Spielen mit den Sinnen, taktile Empfindungen widererkennen und ausdrücken können.

Frederick

VHS, Farbe, 7 Minuten, BRD 1974, ab 4 Jahren.
In diesem Legetrickfilm sammelt die bekannteste Bilderbuch-Feldmaus der Welt, Leo Leonis Frederick, Sonnenstrahlen, Farben und Wörter für die langen Wintertage. Die anderen Mäuse der Familie bevorraten sich natürlicherweise mit Eßbarem und erkennen den Wert von Fredericks Schätzen erst, als sie nichts mehr zu nagen haben.
Themen: Anderssein, gegenseitige Hilfe, Jahreszeiten.

Der Heuschreck und die Ameise

16 mm, 10 Minuten, BRD 1957, schwarz-weiß, ab 5 Jahren.
Für diesen Scherenschnittfilm bearbeitete die Trickfilmmacherin Lotte Reiniger die Fabel „Grille und Ameise" in der Fassung von La Fontaine. Der Heuschreck musiziert zur Freude aller Tiere den ganzen Sommer, nur die fleißige Ameise findet an Musik und gemeinsamem Tanz keinen Gefallen und sammelt lieber Vorräte für den Winter. Als die kalte Jahreszeit hereinbricht, sitzt der Heuschreck da und friert und hungert. Die Ameise, die in der warmen Stube hockt und Tee trinkt, weist den Heuschreck, der um Einlaß bittet, hartherzig ab. Fast wäre er jämmerlich erfroren, hätte ihn nicht zufällig die Brennholz suchende Maus gefunden und in ihre

gemütlich warme unterirdische Wohnung getragen. Dort kommt der erstarrte Heuschreck wieder zu Kräften und spielt seinen Freunden zum Tanz auf. Die Ameise spaziert vorbei und lauscht, zieht am Klingelzug und möchte an der geselligen Runde teilhaben. Während die Maus und das Eichhörnchen sie ausschließen möchten, kann der Heuschreck großmütig verzeihen und fordert sie zum Mitmachen auf, weil sie ja im Sommer gearbeitet und deswegen keine Zeit zum Tanzen gefunden hatte. Passagenweise wechseln sich Erzähltext und Musik ab, wobei die Filmmusik überzeugend den Charakter der Figuren unterstützt.
Themen: Lebenslust, Teilen, Sozialverhalten, Fabel.

Ein Scherenschnittfilm entsteht: Lotte Reiniger bei der Arbeit

16 mm, 16 Minuten, Großbritannien 1953/1971, ab 6 Jahren.

Dieser Film gibt Erwachsenen und Kindern Einblick in die Technik des Silhouettenfilms und stellt seine Gestaltungs- und Ausdrucksmöglichkeiten vor. Lotte Reiniger, die bedeutendste Gestalterin und Macherin von Trickfilmen mit Scherenschnitten, zeigt und erklärt, wie ihre Figuren Charakter erhalten und „lebendig" werden. Ein anregender Film, wenn man mit den Kindern als Nachbereitung zu einem Silhouettenfilm mit Scherenschnittfiguren Schattentheater spielen möchte.

Janoschs Traumstunde

Nach den Bilderbüchern von Janosch sind 23 Zeichentrickfilme entstanden, die als gleichnamige Serie immer wieder einmal im TV gesendet werden. Die Beschreibungen von 3 der Folgen, die bei Bildstellen auszuleihen sind:

Oh, wie schön ist Panama

16 mm und VHS, Farbe, 12 Minuten, BRD 1980, ab 5 Jahren.

Der kleine Bär und der kleine Tiger sind nicht mehr so recht froh in ihrem kleinen Haus am Fluß und machen sich auf

nach Panama, dem Land ihrer Träume. Sie bestehen viele Abenteuer, kommen mit mancherlei Tieren zusammen und finden einen Ort, der für sie Panama ist: ein kleines Haus am Fluß, etwas zugewachsen von viel Grün ... Ob sie wohl merken, daß sie im Kreis gegangen sind? Auf jeden Fall sind sie fürchterlich glücklich und genießen ihr Beisammensein.
Themen: Freundschaft, beheimatet, zu Hause, unterwegs sein.

Ich mach dich gesund, sagte der Bär

16 mm und VHS, Farbe, 19 Minuten, BRD 1987, ab 5 Jahren.
Der kleine Tiger erkrankt, der Bär hilft: Er verbindet ihn, kocht ihm seine Lieblingsspeise, deckt ihn zu, verschafft ihm Ruhe und Besuch, aber nichts hilft. Auf Ratschlag des Hasen kommt er unter Anteilnahme aller ins Krankenhaus für Tiere, wo der Doktor Brausefrosch seinen verrutschten Tigerstreifen operiert. Er genest, kommt wieder nach Hause und wird durch die fürsorgliche Pflege seines Bärenfreundes wieder gesund.
Themen: Phantasiegeschichte vom Kranksein, Krankenhaus, Hilfsbereitschaft und Pflege.

Josa mit der Zauberfidel

16 mm und VHS, Farbe, 28 Minuten, BRD 1986, ab 5 Jahren.
Die phantastische Geschichte vom Köhlersohn Josa, der zum Bedauern seines Vaters weder groß noch stark ist. Aber sein Freund, ein kleiner Vogel, tröstet ihn und meint, daß nicht jeder Köhler werden muß. Er schenkt ihm eine Zaubergeige und lehrt ihn die Kunst des Geigenspiels. Und Josa kann durch die Kraft seines Geigenspiels alle Menschen und Tiere, die ihm zuhören, größer und kleiner machen. Er macht sich auf ans Ende der Welt, und wenn dort der Mond vorbeiwandert, dann spielt er, und das macht den Mond größer oder kleiner. Wenn der alte Köhler den Mond am Himmel zu- und abnehmen sieht, dann weiß er, daß das durch das Geigenspiel seines Sohnes geschieht.

Themen: Selbstvertrauen und Mut, Musik und Zauberkraft, Eltern-Kind-Verhältnis.

Kalle Bakom – Hinter dem Bretterzaun

16 mm, 20 Minuten, Schweden 1984, ab 6 Jahren.

Dieser Kurzspielfilm erzählt in aussagekräftigen, symbolträchtigen Bildern und ausdrucksvoller musikalischer Gestaltung mit wenig Sprache die Geschichte der Annäherung eines Jungen an ein Nachbarmädchen. Tom spielt lustlos Fußball im Hinterhof, denn auf dem Sportplatz darf er nicht mitkicken, weil er zu klein ist. Frida beobachtet ihn durch die Lücke im Bretterzaun, der den Hinterhof in zwei Teile trennt. Diese Barriere überwinden Frida und Tom durch den Mut, mit dem sie aufeinander zugehen.

Themen: alleine sein, einsam sein, Freundschaft schließen, Jungen/Mädchen, Freizeit.

Maulwurf-Filme

VHS, Zdenek Miler, Farbe, 6–13 Minuten, CSSR, ab 4 Jahren.

Im Verleih der kirchlichen und Landesbildstellen sowie der Landesfilmdienste. Die tschechische Trickfilmserie „Der Maulwurf" handelt von der Erlebnissen des kleinen Maulwurfs mit so alltäglichen Dingen wie dem Fernseher, Radio, Regenschirm, Lutscher oder Zündhölzer, zeigt ihn als Uhrmacher, Maler oder Fotograf oder erzählt, wie er zu seiner Hose kam und was ihm in der Wüste, in der Stadt und im Zoo widerfährt. Bekannt sind die Filme aus „Der Sendung mit der Maus".

Der rote Ballon

16 mm, 36 Minuten, schwarz-weiß, Frankreich 1955, ab 5 Jahren.

Ein kleiner Junge, der in Paris lebt, entdeckt an einem Laternenpfahl einen Luftballon. Dieser Ballon ist ein ganz besonderer, denn er ist sehr anhänglich und scheint fast lebendig, denn er verfolgt den Jungen und schließt sich ihm als Spielgefährten

an. Sie erleben zusammen Abenteuer und Geschichten, bis der Ballon zerstört wird. Da passiert etwas Märchenhaftes: Alle Luftballons von Paris entwischen, fliegen zu dem Jungen und tragen ihn über die Dächer von Paris weit hoch in den blauen Himmel … Ein wunderbarer Kurzspielfilm für Kinder.
Themen: phantastisches modernes Märchen, Freundschaft, Spielgefährte.

Das schönste Ei der Welt

16 mm und VHS, Farbe, 6 Minuten, USA 1987, ab 5 Jahren.
Ein Zeichentrickfilm nach dem gleichnamigen Bilderbuch von Helme Heine. Drei Hennen streiten, wer von ihnen die Schönste sei. Der König, der eine Entscheidung herbeiführen soll, erklärt ihnen, daß es mehr auf die inneren Werte ankomme und auf das, was man tue, als auf Äußerlichkeiten. Zunächst entsteht daraus Konkurrenz, denn jede Henne versucht, die andere beim Eierlegen zu übertrumpfen. Letztendlich werden alle Prinzessin, denn es war dem König unmöglich zu entscheiden, welches das schönste Ei der Welt war. Klassische Musik untermalt diese witzige, hintergründig erzählte Geschichte.
Themen: Konkurrenz, Gleichheit, innere Werte.

Kinderkino im Kindergarten

Da dieses Ereignis zusammen mit den Kindern geplant und vorbereitet wird, hat es einen anderen Charakter als der normale Filmeinsatz. Für die Kinder ist die Kinovorführung noch mehr ihre eigene Aktion, wenn sie den Film bereits kennen und mit in die Aufgabe einbezogen werden, dieses Erlebnis für andere Zuschauer mitzuorganisieren. Falls es vor Ort ein Lichtspieltheater (so hieß das Kino in früheren Jahren) gibt, macht man vielleicht einen Erkundungsgang dorthin und schnuppert echte Kinoluft, schaut einmal den riesiggroßen Filmprojektor und die viel breiteren Filmstreifen an und sammelt Eindrücke, die man dann in die Beschäftigung im Kindergarten miteinbezieht. Bestimmt waren schon einige Kinder mit ihren Eltern im Kino und können berichten. Ein lustiger Film, der viel über Kinoatmosphäre vermittelt, ist der Zeichentrickfilm: „Die große Käseverschwörung“ (52 Min., ab 6 Jahren). Er schildert die Lebenssituationen dreier Mäuse im Kino und ist beim LfD Hessen, der EMZ Hannover und bei atlas Film im Verleih.

Das Kinderkino im Kindergarten ist ein großes Ereignis, wenn auch Gäste eingeladen werden: Eltern, Geschwister, Nachbarn, Freunde und Bekannte. Gleichzeitig macht diese Öffnung durch Kinokultur ein Stück Kindergartenarbeit transparent und den Kindergarten zu einem sozialen Treffpunkt.

Was braucht es nun für diese Kinoaktion, oder wie kreativ können ErzieherInnen und Kinder werden? Der Phantasie stehen Tür und Tor offen. Einige Ideen aus solchen Projekten will ich kurz vorstellen.

Ein Film wird ausgesucht und dazu, wie im richtigen Kino, auch ein ganz kurzer Vorfilm oder selbstgemalte Dias mit Musik. Dann werden Plakate und Einladungen gemalt und eine Anzeige in der Kindergartenzeitung gemacht. Die Kinder können sich überlegen, ob sie Eintrittskarten herstellen oder ob die Besucher vielleicht etwas geschenkt bekommen, was mit dem Inhalt des Films zu tun hat (beispielsweise eine Schatzkugel, einen Mäuseschwanz aus Wolle, ein Stückchen Käse). Zu einer gemütlichen Kinoatmosphäre gehört auch das Naschen und Knabbern: Aus Obststeigen lassen sich schöne Bauchläden herstellen, in denen selbstgemachtes Popcorn und Saft verkauft werden. Ein Kind weist die Plätze an, eines assistiert beim Vorführen, und jemand sagt den Film kurz an. Dann wird es spannend, das Licht geht aus, und alle rufen: „Film ab, läuft …“, und nach dem Film gibt es eine gemeinsame kommunikative Spiel- und Gestaltungsaktion.

Ein solches gemeinschaftliches Kinoerlebnis vermittelt Anlässe für Spiele und eigenes Handeln. Zusammen die bewegten Bilder zu genießen und den Kindern und Erwachsenen durch Filme Anstöße zum Nachdenken und Aktivwerden anzubieten, ist eine andere Situation, als alleine vor dem Fernseher zu hocken. Gerade Kinder haben beim Fernsehen viel zu wenig Möglichkeiten, ihre Eindrücke jemandem mitteilen und im nachhinein spielerisch bearbeiten zu können.

Sicherlich werden ErzieherInnen, Besucher und Kinder so viele positive Erfahrungen machen, daß es nicht bei einem Kinonachmittag im Kindergarten bleiben und vielleicht einmal ein mehrtägiges Kinder-Kino-Fest stattfinden wird?

3.4 Mit Sendungen aus dem Kinderfernsehprogramm

Fernsehwelt im Kindergarten?

Darin sind sich alle Pädagoginnen und Pädagogen einig: Die Medien, und insbesondere das Fernsehen, wirken in den Kindergarten hinein. Wie man mit dieser Tatsache umgehen soll, daran jedoch scheiden sich bereits die Geister. Ein naheliegender Schritt, das Thema zu erarbeiten, indem im Kindergarten ferngesehen wird, löst bei ErzieherInnen, Eltern und Träger Erstaunen und nicht selten auch Bedenken aus. Nun wird aber keine verantwortungsvolle Pädagogin die familien- und entwicklungsunterstützenden Aufgaben des Kindergartens durch Fernsehen ersetzen wollen. Wer sich in seiner pädagogischen Arbeit dazu entschließt, Fernsehsendungen im Kindergarten einzusetzen, hat vielmehr andere Absichten. Beispielsweise die, gemeinsam mit den Kindern gezielt Programmangebote anzuschauen, die ihnen helfen, die Welt zu erschließen und sie in ihrem Bedürfnis, Geschichten erzählt zu bekommen, ernst nehmen.

Dazu braucht man auch im Kindergarten ein Fernsehgerät und einen Videorecorder. So kommt das Fernsehen in den Kindergarten, ohne daß man ihm, wie in vielen Privathaushalten, einen altarähnlichen Aufbau und zentralen Platz im Gruppenraum zuweist. Da sicherlich niemand das Ziel hat, tägliches Gruppenfernsehen einzuführen, und da der Medieneinsatz von Bilderbüchern ohnehin immer der alltäglichere bleiben wird, ist es sinnvoller, das Gerät in einer stillen Ecke abzustellen.

Nun ist die erforderliche technische Ausstattung aber in fast keinem Kindergarten vorhanden. Doch auch hier gilt, wie so oft: Wo ein Wille ist, findet sich ein Weg – und auch bald das Gerät. Wie das gemeint ist? Erfahrungsgemäß ist es nicht so schwer, an ein Gerät zu kommen, das nicht mehr gebraucht wird. Oft findet es sich im nächsten Umkreis: Die Eltern oder

der Elektrohändler vor Ort können angesprochen werden, man studiert Kleinanzeigen oder gibt selbst eine auf.

Niemand soll zu dem Entschluß, im Kindergarten Fernsehsendungen einzusetzen, überredet werden, denn dieser muß aus Überzeugung und von jeder Erzieherin selbst gefaßt werden.

Die Praxis zeigt, daß zusammen fernsehen für viele Kinder ein soziales und mediales Erlebnis ist. Durch das Aufarbeiten der Angebote und das Reden über Gesehenes wird eine entspannte und selbstverständliche Situation geschaffen, die den Kindern Basis und Spielraum für ihre Medienerlebnisse bietet. Zu Hause sitzen viele Kinder alleine vor dem Bildschirm, und den Gefühlen und Eindrücken, die sie dabei erleben, widmen sich wenige Erwachsene.

Dies sollte man in seine Überlegungen ebenso miteinbeziehen wie die Tatsache, daß Fernsehen auch in der pädagogischen Arbeit immer nur einen Teil leisten kann und andere Medien Fernseherfahrungen hervorragend ergänzen können. Hier ist wieder persönliche, pädagogische Fachkompetenz gefragt, denn die Erzieherin muß das „Programm für die Auseinandersetzung mit dem Fernsehen“ entwickeln und leisten. Und sicherlich wird diese Situation von Kolleginnen, Eltern und Träger als pädagogische Arbeit erkannt und oft auch geschätzt werden.

Thematische Informationen und Angebote sollten die Einführung und Umsetzung einer aktiven Medienarbeit im Kindergarten begleiten. Das macht die Auseinandersetzung mit dem Thema sachlicher, und die Anlässe und Beweggründe, die die Erzieherin dazu geführt haben, werden für Außenstehende begreiflicher.

Die Kriterien und Überlegungen zur Auswahl von Kinderfilmen in Kapitel 3.3, S. 95, eignen sich auch für die Auswahl von Sendungen im Kinderfernsehprogramm. Vorab noch eine Bemerkung zur Auswahl und zum Einsatz: Fernsehsendungen, die speziell für Vier- bis Sechsjährige produziert werden, gibt es nicht viele. Wichtig ist es, eine Auswahl zu treffen und mit den Sendungen zu arbeiten, die den eigenen pädagogischen Zielsetzungen entsprechen und der Lebenssituation der Kinder entgegenkommen.

Solche Sendungen gibt es sehr wohl im Fernsehen. Vielleicht machen Ihnen die folgenden Bemerkungen von Markus Schächter, dem Leiter des Programmbereichs Kinder und Jugend beim ZDF, Mut, sich intensiv mit den Kinderprogrammen der öffentlich-rechtlichen Fernsehanstalten (das sind ZDF und ARD mit den dritten Programmen) zu befassen:

> „*Unser Marktargument für die Zukunft ist die Qualität. Das zeigen alle Erfahrungen der Kinderprogrammgeschichte. Qualität kann dann beibehalten werden, wenn sich das Kinderprogramm auf seine Stärken besinnt: Professionalität und Kindernähe. Dazu gehört, z. B. Programme zu bringen mit möglichst emotionalen Botschaften zum großen Vergnügen der Kinder und Geschichten zu erzählen, deren Inhalte Beziehung zum Lebensalltag der Kinder herstellen. Wer will, kann dieses Engagement als pädagogisch bezeichnen.*“ (Schächter, Das Kinderprogramm – ein Gesamtprogramm in: Bausch, S. 44/45)

Von der Kinderstunde übers Fernsehverbot zum Vorschulprogramm

Weihnachten 1952 begann für Deutschland das Fernsehzeitalter, und fast vom ersten Tag an gab es Sendungen für Kinder. In der „Kinderstunde mit Dr. Ilse Obrig“, so hieß die erste Sendung, ging es damals im ARD-Programm bewahrpädagogisch zu. Da das Nachmittagsprogramm in den Anfängen der Fernsehjahre ein noch größeres Schattendasein als heute führte, standen für Kinderproduktionen keine großen Finanzmittel bereit. Wenn nicht Märchen und andere Geschichten erzählt wurden, dann turnten, spielten und bastelten die Studiokinder mit den jeweiligen Tanten und Onkeln durch die Sendungen.

Die einzelnen Landesrundfunkanstalten, die sich zur Arbeitsgemeinschaft öffentlich-rechtlicher Rundfunkanstalten (ARD) zusammengeschlossen hatten, sendeten anfänglich für zwei Altersgruppen: für Kinder ab vier und ab acht Jahren. 1958 wurde die Produktion von Fernsehsendungen für Vorschulkinder eingestellt. Der Druck der Öffentlichkeit und das 1957 geänderte Jugendschutzgesetz, das Kindern damals generell den Besuch einer öffentlichen Kinoaufführung verbot, führten zu dieser Maßnahme. Viele Kritiker und Experten hatten zu dieser Zeit überzogene, nicht haltbare Meinungen und warnten vor allen möglichen Gefahren des Fernsehens für die jüngeren Kinder: Sie befürchteten „Fernsehepilepsie“ und „Fernsehbeine“ und protestierten deshalb gegen die „Verwüstung des Menschen“.

Auch das ZDF (Zweites Deutsches Fernsehen, 1963 gegründet; in gemeinsamer Trägerschaft aller Bundesländer und deswegen bundesweit zu empfangen) hielt sich an diesen Boykott, bis sich das Blatt wendete und Ende der 60er Jahre plötzlich die Vorschuldiskussion ausbrach.

Pädagogen und Fernsehmacher waren sich nun einig, daß dem Fernsehen in der Erziehung der Kinder Platz eingeräumt werden sollte. Eine Welle pädagogisch-didaktischer Programmangebote setzte ein. Man begann sich in den Funkhäusern damit auseinanderzusetzen, wie diese Vorschulsendungen denn aussehen müßten, und im Westdeutschen Rundfunk entwickelte Gerd Müntefering, der Wegbereiter für positiv-beispielhafte Kinderproduktionen, „Zehn Thesen zum Kinderprogramm“. In Arbeitsgruppen und auf Tagungen diskutierten

Experten über Kleinkinderprogramme, und ab 1969 sendete der Bayerische Rundfunk seine 13teilige „Spielschule“ für Kinder zwischen 3 und 7 Jahren und ihre Eltern. 1971 kamen die ersten Folgen der damals noch amerikanischen Produktion „Sesamstraße“ in einige der dritten Programme, und 1971 strahlte der Westdeutsche Rundfunk die erste „Sendung mit der Maus“ aus; dieses Tierchen ist inzwischen schon lange volljährig. Weil Kinder auch schon im Vorschulalter fernsehen, produzierten die Anstalten spezielle Sendungen für sie. In einem Fernsehen für Anfänger sollten die Kinder mit der Sprache der Fernsehbilder vertraut gemacht werden. Die Ansprüche reichten dabei von amüsanter Unterhaltung über wohlgemeinte, kindgemäß aufbereitete Information bis zum sozialen Lernen. Auch das ZDF war inzwischen in die Förderung der kognitiven, emotionalen und sozialen Fähigkeiten des Kleinkindes eingestiegen und sendete ab 1973 die „Rappelkiste“.

Die 70er Jahre waren ein Höhepunkt der Fernsehbemühungen rund ums Kleinkind. Viele Diskussionen über Sinn oder Unsinn wurden in diesen Jahren geführt, und insbesondere interessierte die Frage, ob die angestrebten Förderziele auch tatsächlich erreicht werden. Die „Sesamstraße“ war von einer Reihe wissenschaftlicher Untersuchungen begleitet worden, deren Feststellungen manche der teilweise recht hoch angesetzten Erwartungen wieder dämpften. Es hatte sich erwiesen, daß Eltern und Erzieher unbedingt in den Förderungs- und Erziehungsprozeß von Kindern miteinbezogen sein müssen, insbesondere wenn soziale Lernziele erreicht werden sollen. Das bedeutet also, daß Kinder im Kindergartenalter sich trotz aller Identifikationsangebote durch Medien immer noch am real vorhandenen menschlichen Vorbild orientieren und deswegen verständnis- und liebevolle erwachsene Partner brauchen. Das heißt aber nicht, daß sie auf ein attraktives und verantwortungsvoll gemachtes Kinderfernsehprogramm verzichten müssen. Zugegebenermaßen ist ein solches Programmangebot für Kinder ab vier Jahren nicht im Überfluß vorhanden, trotz aller Unkenrufe aber ist es existent.

Was das Fernsehen Kindern zu bieten hat

Das ist vom rein zeitlichen Angebot beachtlich viel, besonders seit der Ausdehnung des Kinderprogramms durch private Sender und Kinderkanäle. Derzeit werden für die 3–13jährigen wöchentlich 900 Stunden gesendet.

Die thematischen Inhalte, die Kindern angeboten werden, sind wie bei den Programmen für Erwachsene sehr unterschiedlich. Actionreiche, spannende Inhalte mit Unterhaltungscharakter überwiegen jedoch.

In den Zeichentrickserien, Action-Cartoons und Action-Serien der privaten Sender ist die Dramaturgie der Handlung auffallend oft durch „gerechte Kämpfe“ geprägt, in denen die Guten intensiv die Bösen bekämpfen, mit dem Ziel, Gefahren abzuwenden oder Erretterrollen einzunehmen. Einen anderen Handlungsstrang bieten aufregende oder außergewöhnliche Abenteuer, in denen sich die jeweiligen Hauptfiguren bewähren müssen. Bewegte Alltagsgeschichten in Familien und Gruppen, „erfolgreiche Gaunerjagden“, in denen für Recht und Ordnung eingetreten wird, und „persönliche Scharmützel“, bei denen der tägliche Kleinkrieg wichtiger Serieninhalt ist, sind die fünf Typen der Cartoons, die derzeit das Programm prägen. (Vgl. Theunert/Schorb, 1996)

Die meisten der im Programm für Kinder gesendeten Trickfilme sind Cartoons. Sie sind kostengünstige Massenware, die für Sender billig einzukaufen ist. Ein Teil dieser Serien dient in erster Linie als Werbeträger für Spielzeug. Ästhetische Welten trennen solche Cartoons von den sorgfältig gezeichneten und noch in handwerklicher Technik animierten tschechischen Trickfilmen oder den frühen Walt Disney-Produktionen.

Um Programme senden zu können, muß erst einmal Sendematerial vorhanden sein. Die Programmanbieter, ob öffentlich-rechtlich oder privat, haben sowohl eingekaufte Fremdproduktionen als auch Eigenproduktionen in ihrem Gesamtprogramm. Das, was Kinder im Fernsehen geboten wird, hängt zum einen davon ab, wieviel ihres Etats die Sendeanstalten dafür bereitstellen, zum anderen davon, welche Überlegungen zur Gestaltung dieses Angebots sich die Programmverantwortlichen machen.

Wer nur nach Einschaltquoten schielt, wird sich andere Gedanken machen, als jemand, der das Kind als Zuschauer ernst nimmt und seine Lebenssituation, seine Bedürfnisse und seine entwicklungsabhängigen Verarbeitungsmöglichkeiten von Inhalt und Form vor Augen hat. Trotzdem, es gibt sie noch, die Menschen in den Redaktionen, die sich dafür einsetzen, daß Kinder verantwortungsvoll produziertes Fernsehen angeboten bekommen.

Was Kinder auf dem Bildschirm zu sehen bekommen, wird aber zunehmend eine eher marktwirtschaftlich und programmpolitisch als eine pädagogisch orientierte Entscheidung sein. Programme und Filme werden von Medien-Monopolen produziert und international vermarktet, was zu einer weltweiten, von Wirtschaftsinteressen gesteuerten Angleichung der Medienkultur führt. Beliebiges Einkaufen von billigem Sendematerial auf dem internationalen Medienmarkt wird aber nicht zu einem sinnvoll gestalteten Fernsehprogramm führen können.

Kinder, die privaten Programmen zuschauen, müssen die Werbung mit verkraften. Private Sender finanzieren ihr Programm lediglich aus Werbeeinnahmen. Werbung ist natürlich besser zu verkaufen, wenn sie auch genau dann gesendet wird, wenn die entsprechende Zielgruppe zuschaut. Folglich werben im Kinderprogramm der kommerziellen Sender hauptsächlich Großhersteller von Spielzeug und Süßwaren. Im Gegensatz dazu stehen den öffentlich-rechtlichen Rundfunkanstalten auch ihre Gebühreneinnahmen zur Verfügung, was mit ein Grund ist, warum wir in diesen Programmen bis jetzt noch keine Unterbrecherwerbung und auch werbefreie Sendeblöcke haben.

Der Kinderkanal ARD/ZDF

„Gewaltfrei, werbefrei, frei ab drei" ist seit 1997 der Kinderkanal von ARD und ZDF auf Sendung – mit dem Ziel, ein unterhaltsames und zugleich hochwertiges Fernsehprogramm zu bieten, das der emotionalen Entwicklung von Kindern entspricht und sie ernst nimmt in ihrem Bedürfnis nach Lebenserfahrung, Humor und Wissen.

Der Kinderkanal will die Programmerwartungen von Kindern erfüllen, das zu bekommen, was sie sehen wollen, und zwar zu den Zeiten, zu denen sie es sehen wollen und dürfen. 11,5 Stunden sendet er werktags von 7.25 bis 19.00 Uhr und 13 Stunden am Samstag und Sonntag von 6.00 bis 19.00 Uhr. Das Programm des Kinderkanals besteht überwiegend aus Übernahmen und Wiederholungen aus dem ARD- und ZDF-Kinderprogramm. Der Anteil an Eigenproduktionen ist minimal.

Die Frage, ob es vernünftig ist, Kindern ein Spartenprogramm anzubieten, ist durchaus berechtigt. Dennoch gibt es keinen Zweifel daran, daß die Programmversorgung der Kinder nicht nur durch die privaten, kommerziellen Sender geschehen kann, die den Fernseh-Nachwuchs permanent mit Werbespots und Serien mit stereotyp-eindringlicher Symbolik konfrontieren.

ARD und ZDF haben in den vergangenen vierzig Jahren die Standards für Kinderprogramme gesetzt, und die „Maus", der Rabe „Rudi", „Pumuckl", „Käpt'n Blaubär", „Pippi Langstrumpf", „Janoschs Traumstunde" oder die „Augsburger Puppenkiste" sind immer noch Flaggschiffe des öffentlich-rechtlichen Kinderkanal-Programms.

Zu hoffen und zu fordern ist aber auch, daß der Kinderkanal in Zukunft weniger auf Archivbestände setzen wird. Er muß vielmehr durch neue, zeitgemäße Eigenproduktionen Standards im Kinderfernsehprogramm mitentwickeln und Maßstäbe für Qualitätsproduktionen setzen. Ein wichtiger Bereich hierbei ist das Informationsprogramm für Kinder: Kindernachrichten wie „logo" und ähnliches. Denn wenn es gelingt, ein qualitativ hochwertiges Informationsprogramm für Kinder zu produzieren, das gleichzeitig auch von diesen akzeptiert und genutzt wird, dann werden früher oder später auch die kommerziellen Sender in diesen Produktionen nachziehen – und das käme wiederum den fernsehenden Kindern zugute. Auch Kinder haben Anrecht auf ein Vollprogramm, auf eine Vielfalt von Genres, Formaten und Inhalten.

In der Medienerziehung kann der Kinderkanal Hilfestellung geben, wenn es um die Frage geht: „Was können Kinder fernsehen?" Die eigentlichen Erziehungsaufgaben, sich mit Kindern altersgemäß auseinanderzusetzen, gemeinsam mit ihnen zu leben, die kann aber auch der beste Kinderkanal nicht übernehmen. Auch er wird zum Problem, wenn er zum Ganztagsbabysitter wird, wenn ein Kind keine Alternativen hat. Und deshalb wird die Fernsehfrage: „Wieviel und was darf ich schauen?" weiterhin Diskussionsgegenstand von Eltern und Kindern sein werden und müssen!

Programme für Fernsehanfänger

Kinderprogramm ist ein Programm, das die Interessen von Kindern unterschiedlicher Altersstufen zufriedenstellen soll. Deswegen brauchen Fünfjährige andere Angebote als Zwölfjährige. Diesen Punkt machen sich viel zu wenige Erwachsene klar.

Wer die Programmangebote in Fernsehzeitschriften betrachtet, sieht, daß das Programm für jüngere Kinder im öffentlichrechtlichen Programm bestimmte Sendeplätze einnimmt. Auf diesen findet man in der ARD Bekanntes wie die „Sesamstraße" und „Die Sendung mit der Maus", den „Tigerenten Club" und auch das beliebte „Sandmännchen". Im ZDF werden Serien wie „Löwenzahn" und „Siebenstein" seit Jahren am frühen Sonntagnachmittag gesendet. Aber auch ein teilweise beachtenswertes, wechselndes Angebot von Serien und Einzelsendungen, auf das hier nicht näher eingegangen werden kann, gilt es in den aktuellen Programmangeboten zu entdecken.

Die privaten Sender binden Kleinkinder weniger durch Eigenproduktionen als durch Zeichentrick-Serien wie die abenteuerlustigen „Schlümpfe" oder die progressiven „Rugrats" (PRO 7), die erfolgreichen „Ducktales" (SuperRTL) oder die unerschrockene Heldin „Sailor Moon" (RTL 2) an ihre Programme.

Kinder sind in diesem Programmdschungel auf Hilfen und klare Regeln angewiesen. Auch im Kindergarten können diese zufriedenstellender bearbeitet werden, wenn Gesehenes Gegenstand von gemeinsamen Gesprächen ist. Dazu gehört auch, daß Sendungen aus dem Programm für Kinder geschaut und den Kindern durch eine pädagogisch orientierte Begleitung des Gesehenen Anregungen gegeben werden, die sie zusätzliche Erlebnisfelder entdecken lassen.

Die manchmal so beliebten Action-Knüller

Kinder, auch im Kindergartenalter, bevorzugen die Programme der privaten Anbieter, wie die Daten der Fernsehnutzung zeigen.

Das heißt nun nicht, daß sämtliche derzeit angesagten Helden der kommerziellen Anbieter unbedingt in der medienpädagogischen Arbeit im Kindergarten zu verankern sind. Andererseits ist es keine Lösung, Kindern zu verbieten, favorisierte Medienerlebnisse im Kindergarten auszuagieren, oder diese auch nur zu ignorieren. Denn pädagogisch zu reagieren heißt auch, entdekken und verstehen zu wollen, welche Motive das medienbezogene Spielen und Handeln der Kinder hat.

Die Medienforscherin Ingrid Paus-Haase schreibt in ihrer Untersuchung zur Symbolik von Serienhelden:

> *„Speziell die hochfavorisierten Programme des Fernsehens halten in ihrer stereotyp eindringlichen Symbolik für Kinder unmißverständliche Botschaften und klare Vorbilder bereit, wie sie von Kindern im Vorschulalter und frühen Grundschulalter benötigt werden, und wie sie in dieser Eindeutigkeit im Alltag kaum zu finden sind. Im Elternhaus, im Kindergarten oder in der Schule stoßen Kinder mit ihren Fernsehvorlieben daher nicht selten auf Ablehnung und Unverständnis. Hinzu kommt die Diskrepanz zwischen dem Fernsehverhalten der Eltern selbst und ihrer Einstellung zum Konsum der Kinder. Nie zuvor klaffte die Schere zwischen pädagogischen Intentionen und eigenen Fernsehgewohnheiten von Eltern so weit auseinander wie in den 90er Jahren.“* (Paus-Haase 1998, S. 282)

Hilflosigkeit und Ratlosigkeit beseitigt sich nicht durch strikte Ablehnung kindlicher Fernsehvorlieben. Erzieherinnen sollten sich zuerst mit den Fernsehsendungen, die die Kinder sehen, vertraut machen: in der Beobachtung im Freispiel, indem man medienbezogene Spiele zuläßt und aufgreift, und dadurch, daß den Kindern Auseinandersetzungsmöglichkeiten durch Gespräche und gestalterische Möglichkeiten angeboten werden. Beispielsweise, indem die Kinder Bilder zu Fernsehsituationen zeichnen, die ihnen Spaß machen, und auch zu solchen, in denen sie sich geängstigt haben. Auch Gespräche über „das Fernsehen zu Hause" regen die Kinder zu Erzählungen über Fernseherlebnisse an. Wenn man einen Eindruck hat, welche Fernsehsendungen die Kinder anschauen, wird man einschätzen können, ob es für die Auseinandersetzung mit ihren Medienerfahrungen hilfreich ist, eine solche Sendung in den Mittelpunkt zu stellen. Und bevor die entsprechende Fernsehsendung eingesetzt wird, sind Gespräche, angeleitete Rollenspiele, medienbezogene Phantasielandschaften und ähnliches geeignete Methoden, die Auseinandersetzung der Kinder mit dem Gesehenen anzuregen.

Jedenfalls ist es Aufgabe von professionellen Pädagoginnen und Pädagogen, sich auf die Bedeutung der Fernseh-Helden für Kinder in ihrer jeweiligen Lebenssituation einzulassen. Dazu müssen aber, wie gesagt, die von den Kindern favorisierten Serien und Kinofilme bekannt sein. Erziehende sollten wissen, welche Muster diese Medien prägen. Besonders zu wünschen ist auch die Tatsache, daß sich Erwachsene eine Bereitschaft erarbeiten, die Fernsehvorlieben von Kindern differenziert zu beurteilen und das, was sie beschäftigt und bewegt, nicht pauschal oder generell abzulehnen.

Hat außerdem auch die kreative Arbeit mit Medien ihren alltäglichen Platz im Kindergarten gefunden, kann man sich selbstverständlich und konstruktiv mit diesen Welten kindlicher Mediennutzung auseinandersetzen. Paus-Haase fordert auf,

> „*... Kindern in phantasiegeprägter, aber ebenso verantwortungsvoller Weise zu helfen, ihre Medienerfahrungen in eine selbstbestimmte, vernünftige Alltagsgestaltung umzusetzen. (...) Vor dem Hintergrund der ‚wachsenden Wissenskluft' erhält nicht nur verantwortliche Programmgestaltung, sondern insbesondere praktisch medienpädagogische Arbeit geradezu eine ethische Verpflichtung.*" (Paus-Haase 1998, S. 282)

Eine Form medienpädagogischer Arbeit im Kindergarten soll nun am Beispiel der Sendereihe „Siebenstein“ veranschaulicht werden.

Konzept und pädagogische Zielsetzungen der Kinderfernseh-Serie „Siebenstein“

Seit 1989 sendet das ZDF in seinem Kinderprogramm die Serie „Siebenstein“, die sich an Kinder zwischen vier und acht Jahren richtet. Mittlerweile sind weit über 100 Sendungen produziert und auch im Kinderkanal zu sehen.

> *„Die Sendung Siebenstein will Geschichten erzählen, weil Geschichten mehr sind als bloßer Zeitvertreib. In ihnen stecken Lebenserfahrungen. Sie regen zum Fragen und Nachdenken an. Sie beunruhigen und sie machen Mut. Sie bieten Stoff für Spiel und Tagträume.“* (ZDF-Presse-Special zu Siebenstein, 1990)

Siebenstein heißt die Trödlerin, die mit dem neugierigen und vorwitzigen Raben Rudi und dem sprechenden, leicht miesepetrigen Koffer in ihrem Trödelladen lebt und arbeitet, in dem sich turmhoch der erstaunlichste Krimskrams stapelt. Irgendein Gegenstand aus dem alten Trödel und Plunder, den Siebenstein an- und verkauft, oder aus dem Alltag gibt Anlaß, Geschichten zu erzählen. Aber auch wenn die Ladentür klingelt und Nachbarn vorbeischauen oder Kundschaft, der Mann im Mond, Punker, Flohzirkusdirektoren oder Klempner, dann gibt es allemal Grund für die Siebensteins, ihrer großen Leidenschaft zu frönen. Geschichten erzählen oder Geschichten zu hören, davon können sie nicht genug kriegen. Für eine gute Geschichte bleibt noch jedesmal die Registrierkasse stumm. Und wenn dann mal nach all dem Trubel Ruhe einkehrt, dann blinzelt Rudi schon wieder schelmisch – denn gleich heißt es: „Siebenstein!“ Auf zu neuen Abenteuern.

Jede Folge hat ein Leitthema, das die Rahmenhandlung mit den zwei oder drei in sich abgeschlossenen Innengeschichten verbindet. Irene Wellershoff, die Redakteurin der Sendung, schreibt zur Auswahl und Ausgestaltung der Situationen:

> *„Siebenstein hat Themen, die Kinder zwischen vier und acht Jahren interessieren: Unsinn, Schätze, Abenteuerreisen. Es können auch schwierige Themen sein: Trennung, Krankheit, die Faszination von Waffen, Streit, auch Umweltprobleme oder Arbeitslosigkeit der Eltern erfahren Kinder heute. Ihren Problemen wollen wir nicht aus dem Weg gehen, sonst würden wir sie nicht ernst nehmen. Aber es werden Lösungen gezeigt, um den Kindern die Hoffnung auf ein gutes Ende und Vertrauen in ihre eigene Kraft zu geben.“* (ZDF-Presse-Special zu Siebenstein, 1990)

Die Innengeschichten beleuchten sozusagen im Wechsel mit Rudi, Koffer und Siebenstein ein Thema, oft auch von unterschiedlichen Seiten. Sie stammen von namhaften Kinderbuchautoren und Illustratoren und werden als Bildergeschichtenfilme und Zeichentrickfilme produziert. Sachfilme zeigen Ansichten der Natur, und Märchen, Silhouettenfilme und kurze Spielfilme bereichern die formale Gestaltung der Geschichten. Dadurch lernen Kinder nicht zuletzt die ästhetische Bandbreite der Filmgestaltung kennen.

Ein Rabe, ein Koffer und eine Frau ...

Daß die Sendung einen alltagsnahen, aber trotzdem märchenhaften Charakter hat, liegt an den drei Ladenbewohnern:

- *Rudi*, der Rabe, ist die Identifikationsfigur für die Kinder: Neugierig, vorlaut und auf lebendig egozentrische Art versucht er, die Welt und ihre Herausforderungen zu entdecken. Dabei zeigt er durchaus auch nichtgeliebte Gefühle wie Wut und Trotz oder verhält sich undankbar und aufsässig. Aber

Siebenstein liebt und akzeptiert ihn, und er weiß das. Diese spürbare Zuneigung ist die Basis für Rudis Entdeckungslust und seinen unbeirrbaren Tatendrang, der oft in komischen Eskapaden endet und so manches Mal Siebensteins Nerven strapaziert.

Eine Vorzeigefigur mit klassischen Vorbildfunktionen für Kinder ist Rudi gewiß nicht. Dafür ist Rudi „höchstvermutlich“ der schönste und beste Rabe: eine alte Quasselstrippe, ein fröhlicher Frechdachs, eifersüchtig und neunmalklug. Gerade das macht ihn für Kinder attraktiv und allen Erwachsenen, die ihre kindhaften Seiten leben und zulassen, sympathisch. Der Puppenspieler Werner Knoedgen beseelt Rudi und leiht ihm seine Stimme.

Seit 1996 verläßt Rudi sogar in der neuen Serie „Frech wie Rudi“ den sicheren Trödelladen, um die Welt zu erkunden. Seine Entdeckerfreude führt ihn zum Friseur, zur Feuerwehr oder auf die Baustelle, wo er natürlich alles erkunden und untersuchen muß.

- Der *Koffer* ist auch ein besonderer Charakter. Nicht nur, daß er sprechen kann, was ihn zu allerlei belehrendem Geschwätz und bissigen Bemerkungen hinreißt, er hat grundsätzlich das Gefühl, nicht genügend beachtet zu werden. Im Gegensatz zu Rudi ist er erschütternd realistisch und weiß immer alles besser. Eigentlich ist er ein Reisekoffer, weshalb er des öfteren seinen Reiseerinnerungen nachhängt, besonders denen aus Afrika. Auch wenn es nicht immer offensichtlich ist: Auch er wird geliebt. Denn wehe, wenn er wirklich einmal weg ist, dann vermissen ihn Siebenstein und Rudi doch ... Das sprechende lederne Ding wird durch Thomas Rohloff, einen Puppenspieler aus Berlin, lebendig.
- *Siebenstein* ist vieles: Geschichtenerzählerin, die zwischen Phantasie und Realität vermittelt, Lebenskünstlerin, Mutterfigur für Rudi und den Koffer, aber auch Besitzerin des Trö-

delladens, der ihr eher einen Reichtum an Erlebnissen und Geschichten als Geldsegen beschert. Sie hat einerseits einen poetischen und geheimnisvollen Charakter, andererseits elternähnliche Erziehungspflichten. Die erfüllt sie mit viel Geduld und Liebe, was sie nicht hindert, mit Rudi und dem Koffer auch Konflikte auszutragen oder ihren ureigenen Bedürfnisse und Wünschen nachzugehen. Geld hat sie nicht viel, aber etwas anderes hat sie im Überfluß, nämlich das, was bei den Eltern heute am knappsten ist: Zeit. Sie prägt das kommunikative Ladenklima und liebt ihre „Kinder“, Besucher und Geschichten. Dargestellt wird sie von der Schauspielerin Adelheid Arndt.

Weil die Themen, die die drei bewegen, auch Kindern, Eltern- und Erwachsenenthemen sind, ist „Siebenstein“ eine Sendung, die in einen situationsorientierten Praxisansatz im Kindergarten mit einbezogen werden kann. Die formale Gestaltung, der Wechsel von aktionsbetonten Geschehnissen im Laden und den oft ruhiger betonten Innengeschichten, entspricht dem Verständnishorizont der Kinder im Kindergartenalter.

„Verflixte Wünsche“ und kreativer Spielraum zur Nachbereitung im Kindergarten

Durch pädagogische Begleitung und spielerische Nachbereitung kann ein kreativer Spielraum zu den Geschichten aus „Siebenstein“ geschaffen werden, der die Phantasie der Kinder anregt. Die Sendung „Verflixte Wünsche“ soll zeigen, was man im Kindergarten mit Rudi, dem Koffer und Siebenstein erleben kann.

> Siebenstein ist unzufrieden: Sie möchte gerne dünner sein. Und ihr Laden soll moderner aussehen. Und mehr Geld ver-

dienen will sie auch. Sie turnt so energisch ihre Gymnastikübungen, daß Rudi befürchtet, sie werde den Laden noch „kaputturnen“, und der Koffer eine Geschichte erzählt, um Siebenstein zu bremsen. Obwohl das Märchen „Vom Fischer und seiner Frau“ vor übertriebenen Wünschen warnt, nutzt es in ihrem Fall nichts. Sie verschönert den Laden mit tausend bunten Tüchern, aber auch das macht sie nicht glücklicher. Rudi will in den Tüchern Verstecken spielen, und weil Siebenstein sich darum nicht kümmert, empfiehlt der Koffer: „Du mußt weg, dann sorgt sie sich und wird dich suchen.“ Als Rudi wieder auftaucht, merkt Siebenstein, daß sie überlistet wurde, aber wenigstens ist sie kurzfristig etwas zufriedener, so daß sie dem Koffer und Rudi die Geschichte von Klara Kaninchen erzählt, in der es ums Unsichtbarsein, ums Verstecken und um Klaras Geheimnis mit dem Erdwolf geht.

Rudi (Fee, 4 Jahre)

Rudi (Pablo, 6 Jahre)

Am Ende sieht Siebenstein ein, daß man sich manches Mal auch „Käse wünschen“ kann, und Rudi bekommt zum Entsetzen des Koffers, der mehr fürs Arbeiten ist, seinen größten Wunsch erfüllt: Er spielt zusammen mit Siebenstein Verstekken zwischen den Tüchern.

Rudi
(Rahel, 9 Jahre)

Nach dem gemeinsamen Ansehen der Sendung unterhielten wir uns über den Mißmut von Siebenstein und über die List und die kleinen Lügen, mit denen der Koffer und Rudi sie in Trab setzen: „Die hat nicht gemerkt, daß er gar nicht weggeflogen ist. Der hat sich im Koffer versteckt. Aber als sie den Rudi gefunden hat, war sie wieder gut, und gekitzelt hat sie ihn!"
Wir haben darüber nachgedacht, wie es kommt, daß man gut oder schlecht gelaunt ist, und dabei vieles über Kinder- und Erwachsenenwünsche herausgefunden.
Die maßlosen Wünsche der Fischersfrau wurden im Rollenspiel aufgegriffen. Besonders die Wohnsituation im Pisspott und der Thron im Königspalast wurden mit Hilfe interessanter Requisiten eindrucksvoll spielerisch umgesetzt. Kommentare der Kinder dabei: „Nein, den Bauwagen nehmen wir nicht als Pisspott, der gibt was anderes." … „Wir müssen uns noch mehr wünschen, wie die auch, die wollte immer mehr, aber das mit der Sonne, daß man die lenkt, das geht doch nicht!"

Der Zauberring, mit dessen Hilfe sich Klara Kaninchen unsichtbar machen konnte, war ein Utensil für viele „Unsichtbarmach-Geschichten“, und „blind den Erdwolf küssen und wegrennen“ wurde selbständig umfunktioniert in „ein eigenes erfundenes Spiel“.
Wünsche wurden gemalt: Solche, die man wirklich erfüllen kann, und solche, die man nicht kaufen kann.
Die Tücher, mit denen Siebenstein ihren Laden verändern wollte, waren ein wichtiges Spielelement. „Der Rudi hat sich da drin versteckt, und dann war er auch fast unsichtbar.“ Wir haben uns mit Tüchern verkleidet und Tücherfangen, Tuchschwanzjagen und Kimspiele mit Tüchern gespielt. „Und der Rudi will auch, daß die Erwachsenen mitspielen, das erzähl' ich nachher meinem Papa!“ So wurde dieses Motiv verwendet, um auch die eigenen Interessen zu vertreten.
Die Klavierbegleitung von Siebensteins Turnstunde ließ sich mit Bewegungsspielen verbinden, das Märchen vom Fischer und seiner Frau wurde noch einmal vorgelesen, und in der Bauecke entstand ein Trödelladen. Inzwischen haben die Kinder ein „Siebensteinfach“ im Regal eingerichtet, in dem man Dinge und Objekte aus anderen Sendungen findet und zu denen man Geschichten erzählen kann oder erzählt bekommt. Rudi ist wieder eingezogen, und wie es aussieht, wird er längere Zeit in der Gruppe sein …

Die folgenden Anregungen wurden in anderen Rudiprojekten erprobt und sind in der Nachbereitungsphase jeder Sendung umsetzbar.

Rudi als spielförderndes Element

Rudi, der frechste aller Raben, so hat ihn Siebenstein einmal bezeichnet, ist ohne Zweifel die Identifikationsfigur für die meisten Kinder. Er fordert sie zu spontanem Spielverhalten heraus

und hilft ihnen, in die Situation, die eine Sendung zeigt, einzusteigen. Genauso oft verwenden Kinder Rudi auch als Möglichkeit, eine andere Rolle einzunehmen. Sie nutzen sein Ich als schützenden Spielraum, um neue Verhaltensweisen zu erproben und um sich selbst darzustellen. Der auffordernde Impulscharakter, den vor allem Rudi ausstrahlt, und das kommunikationsfreundliche Laden- und Familienklima motivieren Kinder zu intensiver sprachlicher Gestaltung ihrer sendebezogenen Spielinhalte. Und nun drei Motivationsbeispiele:

Rudis Schatzkiste

Eine Schatzkiste, die mit interessanten Verkleidungsutensilien gefüllt ist, regt verstärkt zum Rollenspiel an. Besondere Schätze sind Dinge, die in der Rahmenhandlung von Siebenstein der Anlaß für Geschichten sind: die Schere von Schneeweißchen und Rosenrot, die Muschel aus dem achten Weltmeer, ganz besondere Wanderschuhe oder ein Porzellan-Dinosaurier. Aber auch alltägliche Dinge können zu Geschichten führen: ein Lebkuchen, ein Kochbuch oder ein Stein. Viele Kinder haben ihre persönlichen Objekte, zu denen sie Geschichten erfinden und erzählen können.

Sehr schmackhafte „Utensilien“ wie der rote Wackelpudding, den Rudi vor lauter Habenwollen aus dem Kühlschrank zerrt und der dabei auf den Küchenboden pflatscht, kann man mit den Kindern selber kochen oder als Überraschung vorbereiten. Der schmeckt besonders „rabengut“, wenn er als Abschluß einer Nachbereitungsaktion gemeinsam verspeist wird! Da Rudi kein Naturkost-Rabe ist, sind seine anderen Lieblingsspeisen von ähnlicher Qualität: Schokoladenpudding mit Sahne in der Folge: „Das Zauberwort“, und Würstchen in: „Geschmackssache“ …

Rudi als Handpuppe

Handpuppen sind eine Möglichkeit, die Spiellust der Kinder zu aktivieren und Rollen zu übernehmen. In den nachbereiteten Aktionen zu Sendungen von Siebenstein lieben es die Kinder, eine Figur zu führen, die den Raben darstellt, den sie durch ihr Spiel beseelen können. Rudi gehört als Puppe zur Familie der Klappmaulfiguren. Solche Handpuppen können Erwachsene und ältere Kinder aus einem Frotteestrumpf selbst herstellen:

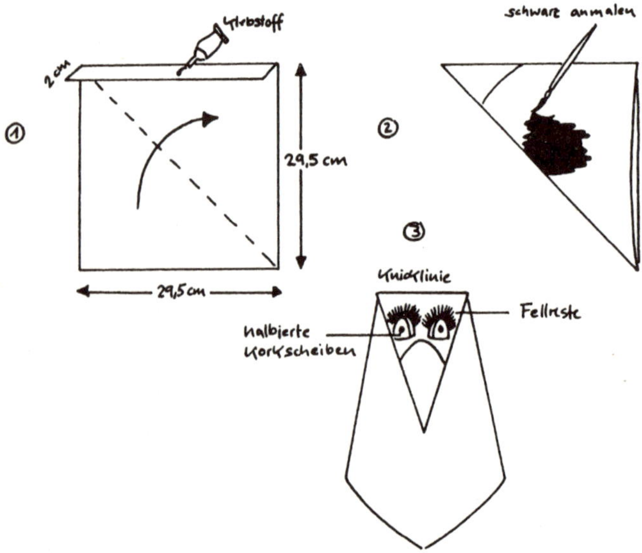

Die Fußspitze der Socke wird aufgeschnitten und ein Klappmaul aus Pappe eingefügt. Für Kinder im Kindergartenalter ist der folgende Vorschlag mit allen Kindern der Gruppe und ohne großen Materialaufwand durchzuführen.

Die einfachste Form, eine Rudi-Handpuppe zum Spielen herzustellen, ist, ihn aus einer spitzen Obsttüte selberzumachen. Wenn man die nicht hat, wird diese aus einem DIN-A3-Blatt oder zwei DIN-A4-Blättern so geknickt und geklebt, wie es die Anleitung zeigt. Rudis ausdrucksvolle Augen entstehen aus einem Korken, von dem man eine dicke Scheibe abschneidet, diese wiederum halbiert, die Pupillen aufzeichnet und aufklebt. Die verschiedenartigen und -farbigen Fellreste, die hinter die Korkaugen geklebt werden, lassen jeden Rudi, den die Kinder herstellen, ganz individuell aussehen. Wer möchte, kann ihm Vogelfedern und Flügel ankleben oder aus einem Karton seinen Freund, den Koffer, basteln.

Wie Rudi sich im Bild bewegt

Beim Malen können Kinder vieles, was sie in der Sendung gesehen und gehört haben, zum Ausdruck bringen. Erfahrungsgemäß zeichnen sehr viele Kinder den Raben Rudi. Hier kann man ihnen Gelegenheit geben, ein Bild mit einer beweglichen Rudi-Figur herzustellen. Es macht viel Spaß, Rudi durch einen Führungsstab frei im selbstgemalten Bild zu bewegen und aus dem Fenster eines Trödelladens herausschauen, hinter einer Sessellehne auftauchen oder quer durch den Laden fliegen zu lassen.

Dazu werden lediglich 2 Blätter fester Zeichenkarton und Klebstoff benötigt. Zuerst wird auf ein Blatt der Hintergrund gezeichnet, beispielsweise die Schränke, Kommoden und Regale im Trödelladen, mit allen Schätzen, die Siebenstein anzubieten hat. (Es ist übrigens äußerst interessant, welche Dinge aus dem Trödelladen die Kinder wahrnehmen und sich mit ihnen in ihren Zeichnungen auseinandersetzen.) Dann wird das Motiv für den

Vordergrund überlegt, das ist der Sessel, und dieser wird auf das zweite Blatt gezeichnet und ausgeschnitten. Das Vordergrundmotiv wird auf den Hintergrund aufgeklebt, allerdings nur am rechten und am linken Rand. Der obere Motivrand und der untere Blattrand bleiben offen, damit die Figur zwischen Vorder- und Hintergrund durchgesteckt werden kann. Auf einen Papierrest wird nun die Rabenfigur gemalt, ausgeschnitten und von hinten mit einem 1 cm breiten Kartonstreifen, dem Führungsstab, beklebt. Dieser muß so lang sein, daß Rudi auf dem Bild hinter der Sessellehne auftauchen und wieder verschwinden kann. Diese Art Bilder zu gestalten löst den statischen Bildcharakter auf und bringt Bewegung und Spielraum ins Bild.

Wenn mehrere Bilder zu einer Geschichte gemalt werden, können die Bildseiten zu einem „Siebenstein“-Bilderbuch gebunden werden. Texte oder Kommentare der Kinder können von der Erzieherin aufgeschrieben und zwischen die Bildseiten oder auf ihre Rückseite geschrieben werden.

Praxismaterialien zu Siebenstein

- Zum Basteln, Lernen und Experimentieren animiert die Buchserie „Mach mit bei Siebenstein“.
  Im Mittelpunkt der Vorlesegeschichten stehen die Erlebnisse des kecken Raben Rudi. Die vier Bände „Rudi feiert Geburtstag“, „Rudi experimentiert“, „Rudi bastelt mit Sachen aus der Natur“ und „Rudis Nachtabenteuer“ sind im Falken Verlag, Niedernhausen 1998, erschienen und für Kinder ab 5 Jahren geeignet.

- Auf Video-Cassetten sind sechs Folgen von Siebenstein erschienen: „Abenteuerreise“, „Ein bunter Vogel“, „Nachtgespenster“, „Rudi ist nicht zu verkaufen“, „Sonne, Mond und Sterne“, „Rudi ist krank“.
  Diese können bei Kreis- und Landesbildstellen sowie bei kirchlichen Bildstellen, oft zusammen mit dem Begleitbuch, ausgeliehen werden.

- Einige der Kurzfilme aus Folgen von „Siebenstein“ sind als Videos bei Bildstellen auszuleihen: „Mutter, Vater, Kind“, „Tinka“, „Zugvögel“ und „Rinnsteinpiraten“. Die Geschichte von „Pin Kaiser und Fip Husar“ ist als Dia-Serie ausleihbar.

- Die bisher gesendeten sechs Folgen von „Juli“, einem knietzigen Kind im Kindergartenalter, sind als Kaufcassette erhältlich: „Juli, das Video“ von Kirsten Boie und Jutta Bauer, Jumbo Neue Medien und Verlag, Hamburg 1998.
- „Siebenstein“ will mit seinen Geschichten Kinder zum Malen, Schreiben und Spielen anregen.
  1998 fand ein „Geschichtenerfinder-Wettbewerb“ große Resonanz in Kindergärten und Grundschulen. Weitere derartig aktivierende Aktionen und Wettbewerbe sind geplant.
- Informationen, Materialien und Programmvorschauen zu den aktuellen „Siebenstein“-Sendungen sind im ZDF, Redaktion Kinder und Jugend, „Siebenstein“, Dr. Irene Wellershoff, 55100 Mainz erhältlich. Online-Info unter: http://www.tivi.zdf.de

Spielideen zum Fernsehen

Fernsehapparate sind auch aus Pappe

- Aus einem Pappkarton in Fernsehgröße läßt sich ein idealer Pappfernseher für selbstgemalte Filme herstellen.
  Dazu schneidet man die Fläche der Fernsehmattscheibe aus und bringt an der rechten und linken Seite des Kartons zwei schlitzartige Öffnungen an. Der Film wird von den Kindern in einzelnen Bildern auf einen langen Streifen Makulaturpapier oder auf einzelne Papierblätter gezeichnet, die zu einem Filmstreifen zusammengeklebt werden. Dieser wird Bild für Bild durch die seitlichen Schlitze gezogen. So gestalten sich die Kinder in Gruppenarbeit ihr eigenes Programm, und über die Mattscheibe des selbstgemachten Pappfernsehens läuft der eigenhändig gezeichnete Kinderfilm. Ein besonders luxuriöses Modell zur Vorführung von Rollfilmen entsteht, wenn an der linken und rechten inneren Seitenwand des Pappkartons zwei Achsen (Holzstäbe, die oben einen Holzknopf haben) befestigt werden, mit denen der Film von einer Seite auf die andere gespult bzw. mit der Hand gedreht werden kann.

- Anreiz, einen Malfilm zu gestalten, können für die Kinder im Bilderbuch oder Fernsehfilm gesehene Erzählungen und selbst erdachte Geschichten oder eine Hörcassette sein. Wichtig ist, die Geschichte in Einzelbilder aufzuteilen und abzusprechen, wer welche Szene gestaltet.
  Zu diesen Bildern kann noch der Ton kommen, dann ist aus dem anfänglich nur übers Auge wahrgenommenen stummen Malfilm eine audio-visuelle Medienproduktion entstanden.
- Eine andere Art, Fernsehen selbst zu machen, funktioniert mit folgendem „Gerätetyp“:
  Aus einem Pappkarton wird ebenfalls eine Öffnung in Form einer Fernseh-Mattscheibe ausgeschnitten. Im Inneren des Kartons wird gegen diese Öffnung ein Pergamentpapier als „Bildschirm“ geklebt: Man kann darauf Dias projizieren und hat so einen Farbfernseher mit Standbild.
- Schwarzweißbilder im Pappfernseher erhält man, indem man den Pergamentpapier-Bildschirm von hinten beleuchtet und durch das Führen der Figuren ein kleines Schattenspiel inszeniert. Dieses „Gerät“ ist ohne Papp-Rückseite und hat an den Seitenflächen des Kartons größere Öffnungen, um hierdurch mit einer Figur zwischen Lichtquelle und Schattenwand agieren zu können.
- Ein altes, ausgeschlachtetes Fernsehgerät, von dem nur das Gehäuse verwendet wird, ist ein besonders motivierendes Utensil für Fernsehabenteuer.

„Wie funktioniert richtiges Fernsehen?"
Zur Klärung dieser Frage können die Anregungen aus Kapitel 4.2 herangezogen werden. Durch die Wunderscheibe, das Streifen- und das Daumenkino läßt sich das Prinzip des Films erklären.

- Viele Fernsehfilme werden auf Filmmaterial hergestellt. Zur Fernsehübertragung werden sie in elektronische Signale umgewandelt. In Fernsehstudios oder bei Direktübertragungen dagegen wird mit elektronischen Kameras gearbeitet, die das Bild auf Magnetbänder aufzeichnen. Die Bilder, die die Fernsehanstalten aufzeichnen, werden in elektronische Signale umgewandelt und zu Sendetürmen geleitet, von denen sie ausgestrahlt und über Kabel oder die Empfangsantennen der Fernsehteilnehmer empfangen werden. In der Bildröhre des Fernsehgeräts werden die Signale wieder zu einem Bild aufgebaut. Das geschieht 25mal in der Sekunde, da aber die Bilder somit sehr schnell aufeinanderfolgen, erscheinen die Einzelbilder dem Auge als Bewegung.

- Fernsehen und Film verfügen über spezifische Gestaltungsmittel für die Herstellung von Bild und Ton sowie die Montage der einzelnen Bilder, die auch als Filmschnitt bezeichnet wird. Die Möglichkeiten dieser Gestaltungsmittel können die Kinder in der eigenen aktiven und kreativen Auseinandersetzung mit Bild- und Tonmedien am überzeugendsten kennenlernen (siehe Kapitel 3.1 und 3.2).

Informationen zum Fernsehprogramm

- Das ZDF informiert seine Zuschauer durch die monatlich erscheinende Hauspublikation „ZDF-Monatsjournal“. Dieses enthält hauptsächlich Informationen zum Programm für Erwachsene; aber auch das Kinder- und Jugendprogramm und das Programm des Kinderkanals werden für den jeweiligen Monat auf 8 Seiten vorgestellt.
- Einige Länderrundfunkanstalten der ARD informieren ebenfalls durch kostenlos zu beziehende Journale oder Magazine über ihre Fernseh- und Hörfunkprogramme. Die Anschriften der Sendeanstalten sind im Anhang zu finden.
- Flimmo – Fernsehen mit Kinderaugen. Herausgegeben vom Verein Programmberatung für Eltern. Erscheint 3 x jährlich. Bezug siehe „Praxishilfen und Anschriften“, S. 216.

Tips und Praxisliteratur zum Thema Fernsehen

- Von Mäusen und Monstern. Kinderfernsehen unter der Lupe. Beschreibungen, Analysen, Hintergründe, Praxismodelle. Gesellschaft für Medienpädagogik und Kommunikationskultur, Bielefeld 1997.
- Der ZDF-Katalog. Für Unterricht und Medienarbeit. Mainz 1997. Anzufordern beim ZDF – Redaktion Kinder und Jugend.
- Neuß, Norbert/Pohl, Mirko/Zipf, Jürgen: Erlebnisland Fernsehen. Medienerlebnisse im Kindergarten aufgreifen, gestalten und reflektieren. KoPäd Verlag, München 1997.
- „TelevIzIon" – erscheint 2 x jährlich. Jedes Heft greift schwerpunktmäßig ein Thema aus dem Bereich Kinder, Jugend und Fernsehen auf. Bezogen werden kann das kostenfreie Heft bei: Internationales Zentralinstitut für das Jugend- und Bildungsfernsehen (IZI), Rundfunkplatz 1, 80335 München. Tel. 089 / 5900–2140

Bilderbuch, Video:
„Aufstand der Tiere oder Die neuen Stadtmusikanten" von Jörg Müller und Jörg Steiner, Verlag Sauerländer, Frankfurt und Aarau 1988. Dieses die Themen Werbung, Medien und Konsum aufgreifende Bilderbuch ist auch als Videofilm bei den Bildstellen auszuleihen.

Hör-Cassette und Buch:
„Fernsehgeschichten vom Franz" von Christine Nöstlinger, Deutsche Grammophon, Hamburg.

Die Eltern vom Franz sind Fernsehmuffel. So muß er mit drei mickrigen Programmen auskommen. Seine Freunde unterhalten sich über alle möglichen Fernseh-Serien, die der Franz nicht schauen kann. Dank seiner Cleverneß und Phantasie aber kann er ziemlich mithalten ...

Diese als Impuls zum Thema Fernsehen geeigneten Geschichten sind im Verlag Friedrich Oetinger, Hamburg 1994 als Buch erschienen.

3.5 Mit Computer und Multimedia

Im Kindergarten per Mausklick durch den digitalen Dschungel?

Den Bildschirm konzentriert im Blick, die Maus fest im Griff: Souverän sitzen bereits Drei- und Vierjährige am Computer. Meist zu Hause – in Tageseinrichtungen für Kinder sind Spielen und Lernen am Computer noch umstritten.

Während professionelle Erzieherinnen und Erzieher in ihrer Ausbildung und Praxis meist noch über die Gefahren der Medien diskutieren und die Kinder vor denselben bewahren möchten, entwickeln diese mit Hilfe der Computerlogik ihr Verständnis für die Zusammenhänge zwischen Ursache und Wirkung. Und das hat Folgen. Beispielsweise die, daß viele Kinder sich grundlegende Fertigkeiten im Umgang mit den Computern bereits angeeignet haben: Abgebildete Figuren werden problemlos per Mausklick „zum Leben" erweckt, Symbole über den Bildschirm gezogen. So wird durch den digitalen Dschungel einer CD-ROM gestreift und das, was interessiert, ausgewählt und aufgerufen, betrachtet, gelesen, gespielt und gehört. Kinder lassen sich mit großer Unvoreingenommenheit und Begeisterung auf die Anforderungen und Erlebnisse von Spielgeschichten und Lernsituationen ein. Während sie dabei ihre interaktiven Erfahrungen erleben, machen sich Elementarpädagogen Gedanken, ob das dem Wesen des Kindes gemäß sei – wenn auch oft ohne ausreichend eigene Kenntnis und Erfahrung in der Welt der Hard- und Software.

Und trotzdem gibt es Einrichtungen, die dabei sind, den Computer im Kindergartenalltag einzusetzen, als ein Angebot unter vielen anderen.

Loris Malaguzzi, der Begründer der Reggio-Pädagogik, hat aus seiner Einschätzung, daß Medien nicht mehr aus unserem Alltag zu beseitigen seien, die Herausforderung abgeleitet, sie in den Einrichtungen auch zuzulassen. So sind in den Kindertagesstätten von Reggio-Emilia schon früh Projekt-Erfahrungen gemacht worden, die zeigen, daß der Computer nicht zur teilweise befürchteten Vereinzelung, sondern vielmehr zum Austausch der Kinder untereinander beiträgt.

Erkenntnisse vereinzelter Projekte sind auch, daß nach anfänglichem Reiz, den Neues immer ausübt, Kinder den Computer und seine Nutzung einfach als eine mögliche Beschäftigung unter vielen anderen sehen. Ein Kind kann sich durchaus bei einer Schiffsbauaktion mit Hammer und Nägeln verwirklichen und sein Lernbedürfnis zusätzlich mit Hilfe einer CD-ROM zufriedenstellen.

Wenn Erwachsene einen unaufgeregten additiven Gebrauch unterschiedlichster Medien gutheißen und vermitteln, können die Dia-Serie und die CD-ROM, der Aquarellkasten und das Malprogramm des Computers genutzt werden. Märchenerzählen schließt die Hör-Cassette nicht aus, das Bilderbuch keinen Kinderfilm. Sobald allerdings in unserer Gesellschaft ein neues Medium auftaucht, entwickelt sich bei manchen das Bedürfnis, Älteres ad acta zu legen oder nicht mehr zu nutzen. Landläufig wird solches Verhalten als fortschrittlich gewertet, als modern bezeichnet. Wer sich aber pädagogisch engagiert, wird feststellen, daß eine differenzierte Betrachtung einzelner Medien ihre jeweiligen Stärken und Schwächen zeigt: Ein Bilderbuch kann an der Bettkante vorgelesen werden, ein Living Book auf dem Computer wird in dieser Situation seine Stärken nicht unter Beweis stellen können. Beide haben sie aber ihre jeweiligen berechtigten und optimalen Nutzungssituationen.

Ein additives Mediendenken wird die gleichzeitige Existenz von Bilderbuch und CD-ROM nutzen und aus einer gleichgestellten Position einen situationsabhängigen Medieneinsatz entscheiden können. Und letztlich entscheiden nicht nur formale, sondern auch persönliche und – nicht zu vergessen – inhaltliche Faktoren über die Qualität einer Nutzungssituation.

Lernen und Spielen ein heißumkämpfter Markt

Tatsache ist: Ohne Computer könnte die Welt, wie wir sie kennen, kaum noch weiterbestehen. Ob uns das gefällt oder nicht, ändert keineswegs die Tatsache, daß Kinder in eine computerdominierte Welt hineinwachsen werden. Kinder erleben von klein auf Menschen, die Computer verwenden, sei es am Geldautomaten oder im Supermarkt. Beim Kaufladenspielen wird nicht mehr das Kassenklingeln, sondern das Piepsen der Strichcodekasse gespielt. In der Regel haben also sämtliche Kinder im Kindergartenalter Bildschirme, Tastaturen, Drucker und Mäuse wahrgenommen und gesehen.

Gameboys, Computer und Spielekonsolen gehören zunehmend auch zum Medienbesitz von Kindern im Kindergartenalter und gelten immer mehr als zeitgemäßes Spielzeug und Lernmittel. Knapp eine Million Kinder unter 15 Jahren besitzen bereits einen Computer mit CD-ROM-Laufwerk. Marktprognosen gehen davon aus, daß bis zum Jahr 2000 in deutschen Haushalten 14 Millionen CD-ROM-Laufwerke genutzt werden. Die CD-ROM kann größere Mengen von Daten speichern als eine herkömmliche Diskette und ist derzeit der am meisten verbreitete Träger für Software-Programme für den Computer. Computerprogramme sind weltweit zu einem enormen Wirtschaftsfaktor geworden. Die Fortschritte, die in den letzten Jahren auf dem Gebiet der Grafik und Klangmöglichkeiten von Heimcomputern erzielt wurden, haben dazu geführt, daß sich auch das Angebot für Kinder von drei bis sechs Jahren verändert und immens vergrößert hat.

Die Software-Anbieter haben mit der Verbreitung der CD-ROM ein neues Zauberwort eingeführt. Die Vokabeln education (Erziehung) und entertainment (Unterhaltung) wurden zum Begriff „Edutainment“ gebündelt, was soviel bedeutet wie spielerisches Lernen. Dieser bewußt gesetzte Begriff soll sowohl die elterliche Investitionsfreude fördern als auch das Mißtrauen gegenüber reiner Spielsoftware für Kinder überwinden helfen – war diese doch Eltern und Erziehern durch manch zweifelhaften Spielinhalt suspekt geworden.

Immer neue Anbieter drängen mit Silberscheiben auf den Softwaremarkt für Kinder, und auch im Internet nehmen die Multimediaangebote für diese Zielgruppe zu. Kinder werden bald die Hauptzielgruppe der Multimediabranche sein. Wirtschaftlich gesehen ist das kein falscher Entschluß: Bei dem „alten Medium“ Video entfallen immer noch 42 % des Gesamtumsatzes auf Kindertitel. Bei den CD-ROMs liegt ihr Anteil momentan bei 20 %.

Zusammenfassend gesehen, hat Multimedia also derzeit das Ensemble traditionell genutzter Kindermedien nicht ersetzt oder verdrängt, sondern ergänzt. Die Wichtigkeit dieser multimedialen Ergänzung im kindlichen Medienalltag wird sich verstärken.

Was reizt Kinder an der CD-ROM?

Die CD-ROM bietet nicht nur Illustration, Bild und Text wie beispielsweise ein herkömmliches Bilderbuch, sondern schließt Musik und Geräusche, Animation, Filmsequenzen und Clips mit ein. Eine ausgereifte Produktion gibt eine Geschichte, im Gegensatz zum Buch, nicht linear wieder. Die klassische Struktur von Anfang, Höhepunkt und Schluß ist aufgehoben. An ihre Stelle tritt eine Erlebnissphäre, in der sich die Nutzenden nach eigenen Bedürfnissen ihre Wege durch das Angebot suchen.

So entscheiden die Kinder selbst, in welcher Mischung sich eine Geschichte präsentiert oder Information abläuft – ohne ihr Zutun passiert nichts. Zuverlässig bietet der Computer auf Knopfdruck eine Reaktion, und eine solche Verläßlichkeit ist für Kinder nicht unattraktiv. Aber das ist bei weitem nicht das einzige, was junge Kinder am Computer reizvoll finden. Neben dem Stolz, ihn selbst bedienen zu können, ist es der Reiz der jeweiligen Programme, daß sie dem Kind ermöglichen, selbst mitmachen und bestimmen zu können, was da abläuft – auch wenn die aktiven Handlungsmöglichkeiten oft eingeschränkt sind. Außerdem sind die unterschiedlichsten Anforderungen zu bewältigen, Erfolgserlebnisse werden vermittelt, wird man doch mit Punkten und Symbolen belohnt, lobend angesprochen und verstärkt.

Langeweile kann man leicht vermeiden, da Spiele, Aufgaben und Informationen selbstbestimmt zu wechseln oder veränderbar sind. Wie lange in einer Geschichte verweilt wird, wie rasch oder langsam eine Anforderung zu bewältigen ist und mit welchem Schwierigkeitsgrad, das beeinflußt, wer am Computer sitzt, selbst.

In diesem Zusammenhang wird gerne davon gesprochen, daß die Programme den Nutzern gestalterische Freiheiten bieten. Daß diese aber von dem Rahmen begrenzt sind, den das Programm vorgibt, erwähnen euphorische Werbetexte selbstverständlich nicht.

Ein Riesenangebot – aber ...

Das Angebot an Software für Kinder wird immer größer. Das derzeitige Angebot umfaßt mehrere hundert Titel. Die Marketingstrategien von Spielzeuggiganten – Mattel beispielsweise zur Plazierung von Barbie-Software – zeigen, daß kein Weg ausgelassen wird, um nicht nur der Zielgruppe Mädchen, sondern auch den finanzierenden Eltern die Software schmackhaft zu machen. Unabhängig von der multimedialen oder inhaltlichen Qualität verkaufen sich derzeit die CD-ROMs am besten, die Figuren verwenden, die aus anderen Medienbereichen bekannt sind: Disney-Filmen, Janosch-Büchern, TKKG-Kinderkrimis, TV-Serien wie „Löwenzahn“.

Um die erwachsenen Käufer zum Geldausgeben zu motivieren, werden teilweise wahre Begeisterungsstürme und Lernwunder beim Kind versprochen. Aber:

„*Man neigt dazu, die Möglichkeiten des Computers zur Förderung der Lese- und Rechenkünste von Kindern zu überschätzen, und zwar insbesondere dann, wenn nicht die richtige Software verwendet wird*“,

stellen die australischen Pädagogen Colin Webb und Wynne Rowe fest, die sich seit Anfang der 80er Jahre mit der Entwicklung von Lernsoftware und dem Computereinsatz in der Schule beschäftigen.

Auf dem Schirm erscheinen wird immer nur das, was die Software hergibt. Und auch nur dann, wenn die Benutzerführung und Navigation so gestaltet ist, daß das Kind sie auch versteht. In der Software für Kleinkinder gilt eigentlich die Grundregel, daß sich das Programm selbst erklären muß.

Wenn ein Programmacher eben der Meinung ist, daß kognitive Förderung das Wesentliche im Leben von Vier- oder Fünfjährigen ist, wird er sich nicht scheuen, diesen anzubieten, Farb- oder Formzuordnungen am Computer zu lernen und Klötze per Mausklick über den Bildschirm zu schieben. So manches Programm für Kleinkinder erinnert leider an die zum Glück in den meisten Kindergärten eliminierten Vorschulmappen. Viele der derzeit explizit für das Kindergartenalter angebotenen CD-ROM-Produktionen entstammen dem nordamerikanischen Markt und können den kulturellen und gesellschaftlichen Hintergrund ihrer Herkunft weder ästhetisch noch inhaltlich verleugnen.

Generell gilt auch für die Edutainment-Software das, was man von den sogenannten Lernspielen in Schachteln zur Genüge kennt: Je zweck- und zielgerichteter sich ein Produkt auf die Förderung instrumentaler, kognitiver Fähigkeiten bezieht, desto wahrscheinlicher haftet ihm ein unverdaulicher Beigeschmack nach Drill an. Der wirkt sich bei gesunden Kindern glücklicherweise meist so aus, daß sie recht schnell keine Lust mehr haben, sich mit derlei Schöpfungen auseinanderzusetzen.

Auch bei CD-ROMs ähneln sich Spielideen häufig, und in vielen Fällen sind die Handlungsmöglichkeiten nach denselben Mustern angelegt, die Animationen aus Kostengründen begrenzt. Weiß ein Kind, daß das Anklicken eines potentiellen Behältnisses, egal ob Schublade oder Dose, Mülleimer oder Kochtopf, in 95 % aller Fälle eine Bewegung auslöst, dann ist nur noch die Frage interessant, was sich darin verbirgt und wie sich das Verborgene bewegt. Der Effekt ist dann irgendwann so spannend, wie wenn man das ganze Jahr Adventskalendertürchen öffnen dürfte …

Ein kritischer Punkt in der Programmgestaltung ist die Art, wie Kinder verstärkt werden, Erfolge zu erzielen, oder wie sie gelobt werden. Ob das Fortschritt ist, wenn Kinder ihre sprachlichen oder mathematischen Grundfähigkeiten im antiquierten Reiz-Reaktionsschema entwickeln müssen? Diese Frage drängt sich bei manchem Programmtest auf.

Und wenn wir schon bei Mankos sind, darf die Frage der Ästhetik auch bei einer CD-ROM nicht unerwähnt bleiben. Am einfachsten wird es haben, wer mit Kaufhaus-Bilderbuch-Ästhetik keine Probleme hat und den „Stil“ von Ausmalbilderbüchern schätzt. Ästhetische Reize und künstlerische Produkte sind auf dem Softwaremarkt spärlich vertreten.

Anhaltspunkte, die helfen, die Qualität einer Kinder-CD-ROM einzuschätzen

- Kinderleichte Installation: Am besten installiert sich die CD-ROM selbst.

- Kinder müssen sich durch die CD-ROM durchfinden, das verlangt eine kindgemäße Navigation: Symbole und Signale, keine schriftlichen Anleitungen.
- Das Spielziel oder die Aufgaben müssen klar erkennbar sein.
- Wie originell und überzeugend ist die Idee der Produktion?
- Non-Linearität: Können die unterschiedlichen Stationen frei ausgewählt werden?
- Sinnvoller medialer Einsatz von Videosequenzen, Bildern und Animationen.
- Welche Ästhetik hat die Illustration? Sind die Zeichnungen originell, farblich geschmackvoll? Wie gelungen sind die Figuren und Charaktere?
- Sind Videosequenzen ausreichend groß und scharf auf dem Bildschirm zu sehen?
- Unterscheiden sich die Sprecherstimmen ausreichend? Passen Figuren und Stimmen? Wird beim Anklicken immer das gleiche wiederholt?
- Haben die Geräusche eine atmosphärische Dichte, sind sie sinnig eingesetzt? Ertönt beim Anklicken immer dasselbe? Passen die Stimmen zu den Figuren?
- Wird der Text vorgelesen? Wird er während des Lesens markiert? Ist der Text altersadäquat formuliert? Wie steht es mit der Menge? Wirken die Dialoge überzeugend?
- Ist ein pädagogisches Konzept erkennbar? Wie werden Erfolg, Mißerfolg und Feedback gewertet und formuliert?
- Ist die Spieldauer der Produktion ausreichend?
- Wie verhält sich das Preis-Leistungs-Verhältnis?

Kindgerechte Software

Living Books und Spielgeschichten erzählen Kindern eine Geschichte, deren Illustrationen und Animationen auf dem Bildschirm zu sehen sind. Durch Anklicken von Gegenständen und Figuren lösen die Kinder im Bild Effekte aus: kleine Spiele oder witzige Situationen. Spielerisch werden sie aufgefordert, sich in den Fortgang der Handlung einzuklinken, per Mausklick blättern sie die Seiten des elektronischen Bilderbuchs um.

Eine anspruchsvoll gestaltete Reihe derartiger Spielgeschichten für Kinder ab 4 Jahren rankt sich um Max. Aus Kindersicht ist diese Identifikationsfigur ein „Hundekind mit Spitzohren“.

Max und seine Piratenfreundin Nina

Weitere, besondere Merkmale sind seine kindliche Spiel- und Abenteuerlust und das T-Shirt mit „Kuhfellmuster“. In einer Geschichte können die Kinder mit Max in einem verlassenen Haus nach den Zahlen für eine Geheimformel suchen. Die werden von Onkel Pong benötigt, der damit „den schiefen Turm von Lisa“ reparieren möchte. Man kann Max in der Stadt beim Einkaufen begleiten, mit ihm Mondhühner suchen oder dem Schloßgespenst Willy aus der Patsche helfen.

Wer sich mit ihm jedoch an Bord der „Santa Wackelzahn“ wagt, wird eine besonders schräge Piratenmannschaft kennenlernen, samt Nina, der rotzigfrechen Kapitänstochter.

Kindern macht es viel Spaß herauszufinden, wo die Zahlen versteckt sind, alles einzukaufen, was auf der Liste steht, oder im Schloß die gelben Socken für Gespenster-Willy zu finden. In den fünf Produktionen sind neben den jeweils 13 unterschiedlichen Spielorten auch etwa 200 Animationen angelegt. Daß die Sprecherstimmen exzellent besetzt und die Titel in mehreren Sprachen spielbar sind, gehört zu den lobenswerten Standards der Max-Reihe.

Mit dieser Software bietet der Tivola Verlag die derzeit überzeugendsten Spielgeschichten für Kinder im Kindergartenalter an. Beweisen die Titel doch, daß es möglich ist, auch ästhetische und kindgerechte Produkte zu schaffen. „Ich war wahnsinnig froh, als ich entdeckte, daß es auch auf dem Computer möglich ist, warme Farben und schöne Illustrationen zu zeigen“, kommentiert die Illustratorin Barbara Landbeck ihre liebevollen Max-Bilder.

Mancher Lexikon-Titel für Kinder und die kindgemäßen Bearbeitungen von Sachthemen auf CD-ROM machen klar, daß sich Multimedia für die Aufbereitung von Wissen und Information besonders gut eignet. Kreative Anwendungsprogramme dienen dem Werkschaffen am Computer: malen, gestalten und basteln, Musik machen. Für derartige kreative Prozesse ist der Computer nur ein Werkzeug, das man sich zunutze machen kann. Aber nicht alles eignet sich für die Umsetzung und Gestaltung mit dem Computer. In diesem Bereich gibt es für 3–6jährige kaum attraktive Programme, die man als ausgereift bezeichnen kann.

Erzieherinnen an die Maus ...

Der Computer ist weder der perfekte Erzieher noch der bessere Lehrer. Auch Freunde und soziale Beziehungen kann er nicht ersetzen. Insbesondere Kleinkinder brauchen die Begleitung der Erwachsenen, um sich die Computerwelt erobern zu können. Allein deswegen wird der Computer im Kindergarten erst einmal zusätzliches Engagement verlangen. Für Eltern ist er wieder einmal ein Gerät mehr, das nicht als Babysitter geeignet ist. Vielmehr sind Erzieherinnen und Eltern gefordert, sich mit Programmen und deren Fähigkeiten auseinanderzusetzen – nicht zuletzt, um die tauglichsten kennenzulernen und bei Bedarf verwenden zu können. Auch Pädagoginnen müssen neue Entwicklungen in der Kinder-Software zur Kenntnis nehmen und sollten darauf reagieren.

„Eltern an die Maus – die beste Kontrolle", titelten zwei Schüler einer achten Klasse ihren Artikel in der „Badischen Zeitung". Und treffsicher urteilen sie:

„Wenn Eltern nicht mit ihren Kindern spielen, können sie niemals beurteilen, mit welchen Spielen diese sich beschäftigen."

Diese Erkenntnis gilt auch für Pädagoginnen und Pädagogen. Multimedia muß erlebt werden, ansonsten ist die pädagogische Beurteilung multimedialer Spiel- und Lernwelten nicht möglich.

Wer mit Kindern im Kindergartenalter am Bildschirm auf Abenteuer geht, wird eines bemerken: Computer schaffen hundertmal mehr Fragen, als sie beantworten. Es ist eine kommunikative Beschäftigung, gemeinsam mit Kindern die Programme zu benutzen, die es wert sind, benutzt zu werden. Und solche CD-ROMs bietet der Markt zwischenzeitlich auch. Es sind die, deren Macherinnen und Macher Kinder in ihren Fähigkeiten richtig einschätzen, sie ernst nehmen in ihren Bedürfnissen nach Geschichten, Spielen, Wissen und Weltentdecken.

Wenn die Produkte dann noch pädagogisch sinnvoll und benutzerfreundlich aufbereitet sind, statt drögen Drills Unterhaltung und eher nebenbei und locker als verbissen Lerneffekte vermitteln, dann, ja dann spricht nichts dagegen, daß sich Kinder die Maus schnappen und losklicken. Daß auch der Umgang mit dem Computer Regeln braucht und Kinder diese erlernen müssen, das ist eben wieder der erzieherische Part der Erwachsenen …

Und wie bereits gesagt, gilt: Wenn Kinder technische Medien und ihre Software nutzen, schließt das überhaupt nicht aus, daß sie weiterhin gerne ihre Rollenspiele machen, Bilderbücher anschauen und auf Bäume steigen …

Deswegen sollten Erzieherinnen in den technischen Medien nicht nur Konkurrenz und Bedrohung sehen, sondern sich eher am Computer beispielsweise mit Max auf die Suche nach den zwölf gelben Socken machen. Das ist pädagogische Arbeit, und Kinder sind mehr als glücklich, wenn ihre geschätzten und geliebten Bezugspersonen auch kompetente Gesprächs- und Spielpartner für Erlebnisse am Computer sind.

Der Computer im Kindergarten

In den meisten Fällen wird erst einmal eine intensive inhaltliche Auseinandersetzung mit dem Themenkomplex „Kinder, Computer und Multimedia“ erforderlich sein. Dieser werden sich nicht nur das Team, sondern auch die Eltern und der Träger stellen müssen. Fortbildung und Beratung, sei es in pädagogischen oder technischen Fragen, werden ein Schritt in diese Richtung sein. Erst wenn Wissen und differenzierte Betrachtungsweisen vorhanden sind, kommt der Schritt, sich über die Anschaffung kindgerechter Soft- und Hardware und über altersgerechte Vermittlungswege Gedanken zu machen.

Zu den Rahmenbedingungen gehört die technische Ausstattung: Die Software, die eingesetzt werden wird, bedingt die Ansprüche an den Computer. Ein Multimedia-Computer muß es schon sein. Neben der Kapazität des Arbeitsspeichers sind vor allem die Geschwindigkeit des CD-ROM-Laufwerks, die Qualität der Grafik- und Soundkarte und die Bildschirmqualität wichtig. Außer der Maus und ihrer Matte werden Lautsprecherboxen benötigt. Wenn gedruckt werden soll, braucht es auch einen (Farb-) Drucker. Die Frage der Plazierung muß abhängig von den räumlichen Gegebenheiten beantwortet werden.

Erfahrungsgemäß wird es sich in einer offen ausgerichteten Arbeit anbieten, den Kindern zweierlei Nutzungsmöglichkeiten zu organisieren: einen begrenzten Zeitraum in den Phasen des freien Spiels und den Zugang in Interessengruppen und Projekten. Der zeitliche Rahmen ergibt sich aus entwicklungsspezifischen Gegebenheiten: 45–60 Minuten sind die Obergrenze.

Wieviel Kinder sich am Computer beschäftigen, wird auch von den Programmstrukturen mitbestimmt werden. Manche Kinder betrachten und kommentieren lieber erst das Bildschirmgeschehen und halten sich eine Zeitlang zurück, bevor sie selbst tätig werden.

Mädchen sind technischen Angeboten gegenüber oft zurückhaltender als Jungs. Das heißt aber noch lange nicht, daß sie weniger kompetent oder interessiert wären. Wenn sie ermutigt und bestätigt werden, zeigen sie die gleiche Aktivität wie Jungen. Leider bietet das CD-ROM-Angebot, genauso wie andere Medien, viel zu wenig weibliche Identifikationsfiguren. Mädchen brauchen außer Pippi Langstrumpf noch mehr starke Heldinnen. Dazu kommt, daß deren CD-ROM-Auftritt aus multimedialer Sicht gar nicht als gelungen bezeichnet werden kann ...

In der alltäglichen Computer-Nutzung bilden sich Gruppenspieler und Einzelspieler heraus, manches Verhalten ergibt sich aus und in der Gruppe, anderes muß angeregt werden.

Regelkonstrukte zur Nutzung und zum Umgang mit dem Computer aber lassen sich genauso wenig festschreiben wie solche für den Gebrauch einer Bewegungsbaustelle. Sie sind von den individuellen Faktoren der Einrichtung geprägt und werden sich vielmehr genauso entwickeln müssen wie die zur Nutzung des Außengeländes oder bestimmter anderer Spielsituationen im Haus.

Projekte

Sind der Computer und die Software ein Teil der Erlebniswelt von Kindern geworden, bietet es sich an, ihre Existenz in alltägliche Situationen miteinzubeziehen. Erfahrungen, Geschichten, Erkenntnisse und Figuren, die aus diesen medialen Erlebniswelten entstammen, sind impulsgebend für Rollenspiele, Zeichnungen, Gespräche und Bewegung. Computer und kindgerechte Software geben Kindern vielfältige Anregungen zu neuen Erfahrungen und schaffen Spielraum für selbstbestimmtes Handeln. Einige Anlässe und Situationen aus der Projektarbeit werden nun aufgezeigt.

Reise durch den Computer

Um herauszufinden, wie ein Computer funktioniert, spielen die Kinder eine Reise durch sein Innenleben. Mit großen Kartons, Schachteln, Kriechtunnel und einer Taschenlampe werden Bildschirm, Maus und Rechner nachgebaut. In den Computer kann man hineinschlüpfen, trifft dort „Benni-Bit“, der alles, was die Maus ihm an Zeichen sendet, sammelt und sortiert. Die Maus ist eine Luftmatratzenpumpe, deren Schlauch in den Kriechtunnel mündet. Drückt ein Kind auf diese Maus, nimmt sich das Kind im Kriechtunnel eine „Information“, das ist ein Puzzle-Teil, und bringt es „Benni-Bit“. Der ordnet und sortiert die „Informationen“ im „Computer“, und wenn alles zusammengesetzt ist, zeigt er das Bild auf dem Bildschirm, indem er das fertige Puzzle in den Bildschirmkarton schiebt, wo es von oben betrachtet werden kann. Manchesmal sind auch mehrere „Benni-Bits“ im Computer und arbeiten gemeinsam. Manchesmal wird das Bild gespeichert und gedruckt, indem es einfach abgemalt und die Zeichnung in einen Karton gelegt wird.

Das Spiel erfährt viele und phantasiereiche Varianten, die computer-technisch sicherlich nicht nachzubauen sind …

„Klick: Geschichten mit der Maus“

Aus den Bildern, die zu den CD-ROM Spielgeschichten gemalt werden, entsteht das Geschichtenbuch „Klick: Geschichten mit der Maus“. Wenn die Kinder die Geschichte zum Bild erzählen, wird diese auf Cassette aufgenommen. Das Geschichtenbuch liegt aus. Es wird gerne von Kindern angeschaut. Es dient Kindern oft auch dazu, ihren Eltern zu erklären, welche CD-ROM-Spielgeschichte sie heute erlebt haben. Die selbstaufgenommenen Cassetten werden im Freispiel immer wieder angehört.

Max und Willy, das Schloßgespenst

Zur Einstimmung auf die CD-ROM „Max und das Schloßgespenst“ oder zur Einführung in die Handlung wird ein Sack gefüllt. Darin befinden sich markante Gegenstände, die in der Spielgeschichte eine Rolle spielen oder eine bestimmte Bedeutung haben: verschiedene bunte Socken, eine Kerze, ein Fotoapparat, eine Zahnbürste, eine verkorkte Flasche, ein Spiegel und ein Buch.

Die Dinge werden nach und nach ausgepackt, zusammen mit den Kindern betrachtet und kommentiert, dabei werden Informationen zur Spielgeschichte eingeflochten.

In der Spielgeschichte steht die Suche nach 12 gelben Socken im Mittelpunkt. Die sind in einem weitläufigen und ganz und gar nicht gruselfreien Schloß versteckt. Das kleine Gespenst Willy ist im Turmzimmer eingeschlafen und mit einem Bärenhunger wieder aufgewacht. Jetzt braucht es die Socken, und zwar nur die gelben, um sie zu verspeisen, damit es stark und flugfähig wird und seine Gespensterkräfte wieder zurückkehren. Max beschließt, seinem Freund zu helfen, und geht auf Sockensuche. Durch Türen und Geheimgänge oder über Treppen geht er, so wie die Kinder es eben selbst bestimmen, von einem zum anderen Zimmer. Ob im Kaminzimmer oder im Speisesaal, im Badezimmer oder in der Gespensterschule, überall spukt es: phantasievoll, überraschend und dabei mehr oder weniger schaurig. Alles aber muß auf Verstecke hin untersucht werden. Um das zu überstehen, braucht Max ziemlichen Mut und viel Unerschrockenheit. Denn als guter Sockenfinder muß er sich auf allerhand ungeklärte, geheimnisvolle und neue Situationen einlassen. Dabei versucht Gräfin Grusel immer wieder, ihm Angst einzujagen, während er von den drei Ahnen des Schlosses „Neuschweinstein“ immer wieder positive Unterstützung erfährt. Ein voller Sockensack ist das Ziel, dann wird Gespenster-Willy wieder zauberkräftig. Daß das mit einem etwas außergewöhnlichen Festmahl und einem tollen Erlebnis für Max endet, ist klar. Und mehr wird hier jetzt nicht verraten ...

Das Such-Abenteuer von Max ist äußerst witzig und unterhaltsam gestaltet. Auch sind die Socken nicht in jedem Spiel im selben Versteck zu finden. Kinder kommentieren das Geschehen intensiv, lassen sich auch zu mancherlei Zwiegesprächen mit den Protagonisten hinreißen. Sie wechseln gerne während des Spiels die Sprache und sprechen mit Max „in Engländerisch“ oder französisch. Aus Zeitgründen war es den Spielgruppen nicht immer möglich, alle 12 Socken zusammenzusuchen. Dann wurde der Spielstand abgespeichert, und auf der „Gespenstertafel“ wurden die zum jeweiligen Gespenst gehörenden Spielernamen notiert.

Die Kinder identifzieren sich rasch mit Max und bewältigen Herausforderungen, die sie aus dem Alltag und von ihrer Entwicklung her kennen. Denn die Multimedia-Geschichten von Max bieten Kindern die Möglichkeit, handlungsleitende Themen wie Stärke und Mut, Angstbewältigung und Selbständigkeit zu bearbeiten. Daß dabei noch Zahlen und Farben gelernt werden, sei nebenbei noch bemerkt ...

Max, die Identifikationsfigur, regt zu vielerlei Spielsituationen an

Wenn nach einiger Zeit allen Kindern die Abenteuer von Max bekannt sind, können Spiele angeregt und Erlebnissituationen initiiert werden.

- Eine Sockensuche im Kindergarten wird veranstaltet. Dazu werden Hundeohren gemalt, ausgeschnitten, an ein Gummiband getackert und aufgesetzt. Damit lassen sich die 12 im Kindergarten versteckten Socken natürlich viel besser finden. Zwischenzeitlich bringen Kinder auch ihre eigenen Socken in „falscher Farbe“ mit – das erweitert den Radius und die Dauer der Sockensuche ungemein ...

- Ein Erfinderwettbewerb wird veranstaltet. Wer hilft Onkel Pong beim Erfinden seiner „Bonbon-Mach-Maschine“? Mit dem Konstruktionsmaterial „baufix“ entstehen die bizarrsten Modelle. Die Erfinderinnen und Erfinder werden mit ihrer Erfindung und einem selbstgebastelten „Onkel-Pong-Hut“ fotografiert, die Bilder im Kindergarten ausgestellt. Natürlich konnte mit dem Testmaterial Bonbon nicht gegeizt werden ...
- Willy sitzt in seinem Turmzimmer und vertreibt sich die Zeit mit Bauklötzen. Auf dem Bauteppich entstehen Türme aller Arten, in denen Willy sitzt und oft auch befreit wird, um auf den benachbarten Bauernhof zu ziehen, ins Weltall zu fliegen oder gar auf einem Bauklotz, das als Auto dient, davonzurattern ...
- Im Schloßkeller ist ein Kasperltheater zu entdecken. Das regt die Kinder an, Spielszenen für das eigene Kasperltheater im Kindergarten zu entwickeln: Max trifft den Kasper, der Teufel klaut Socken, und Willy erschrickt die Großmutter. Die Kinder entwickeln zusammen mit der Erzieherin das „Max-Willy-Kasperle“. Unter tatkräftiger Mithilfe einer spielfreudigen Praktikantin und einer Mutter gelangt das Stück zur Aufführung. Einem Stoffhund wurde dazu ein Kuh-T-Shirt verpaßt, und Willy entstand aus Laken und Tüllgardinen ...
- Max trifft im Schloß auf vielerlei Arten von Gespenstern. Flaschengeister, Poltergeister, Kleingeister treffen sich letztendlich beim „Gespenstertreffen auf Schloß Neuschweinstein“. Dazu erstellten die Kinder eine eigene Geräuschproduktion unter dem Motto „Schauer- und Gruselgeräusche“. Der Titelsong wurde selbst gesungen, produziert wurde mit

eigenen Stimmen, Gegenständen, Instrumenten. Das Ganze wurde „im Tonstudio" auf Cassette aufgenommen.
Anregungen:
- Heulschläuche durch die Luft wirbeln;
- einseitig mit Sandpapier beklebte Holzbrettchen aneinanderreiben – leises Scharren;
- mit einer Papprröhre in einen Eimer sprechen – hallende Stimme;
- Glockenschläge mit einem hängenden Becken imitieren;
- mit einer Kleider- oder Spülbürste über ein Kuchenblech reiben;
- mit der Kette vom Fahrradschloß rasseln;
- mit großen alten Schlüsseln klirren;
- mit Alufolie rascheln;
- mit einem nassen Finger am Glasrand reiben;
- Topfdeckel aufeinanderschlagen;
- schaurige Töne in eine Flasche blasen.

■ Folgender Text kann als Grundlage für ein szenisches Spiel oder als Geschichte zur Einführung der CD-ROM verwendet werden. Die Geschichte läßt sich auch als Video-Trickfilm oder Foto-Bilderbuch produzieren:
Nur Kinder können es sehen, am besten, wenn der Mond dick und rund vom Himmel scheint: Um Mitternacht, wenn die Turmuhr zwölfmal schlägt, dann schwebt aus dem linken Turmzimmer eine Horde kleiner Schloßgespenster: Willy und seine 23 Geschwister. Sie fliegen zum blauen Turm, weit draußen hinterm Tannenwald.
Es sind jedesmal genau vierundzwanzig kleine Gespensterkinder, und wer genau hinschaut, entdeckt, daß sie farbige Zipfeltücher anhaben. Und das kommt so: Schloßgespenster, die in Türmen leben, haben immer drei Kinder. Und damit die Gespensterfamilien ihre Kinder besser unterscheiden können, ma-

len die drei Geschwister ihre Bettuchkleider mit der gleichen Farbe an. Fast niemand weiß es, aber es stimmt wirklich, daß die Gespensterkinder genauso gerne spielen, wie sie spuken.
Am blauen Turm angekommen, schweben sie durch die Fenster und Torbogen, und es beginnt eine geräuschvolle Gespensterjagd: Sie spielen fangen, daß die morschen Balken ächzen und heulen und kieksen die Turmtreppen rauf und runter. Die finstersten Ecken, wo die Spinnen ihre Nester bauen, sind ihre Lieblingsverstecke. Und wenn sie beim Versteckspiel richtig Schabernack machen, versuchen sie sich gegenseitig zu erschrecken. Das ist nicht so einfach, denn wer kleine Gespenster kennt, weiß, daß die fast keine Angst haben. Deshalb müssen sie sich ganz schön anstrengen, um einander einen Schrecken einzujagen.
Besonders gerne funzeln sie mit Licht herum. Sie kitzeln den Mond mit Lichtstrahlen, ärgern die lichtscheue Eule mit der Taschenlampe oder blinken den Sternen am Nachthimmel zu. Oft hört der Mond die kleinen Gespenster kichern und toben und lauthals ihre Gespensterreime vom Turm in den Tannenwald hinausrufen: „Fledermaus, du Flattertier, komm heraus, wir sind jetzt hier. Schlaf nicht bloß, flieg jetzt los, hock mir auf den Schoß."
Und wenn die Nacht am dunkelsten ist, dann zünden die kleinen Gespenster Kerzen an, und aus der riesigen Truhe hinter der Turmuhr werden die Spielsachen herausgeholt. Dann geht's richtig rund, und manches Mal, so erzählen sich die Tiere vom Tannenwald, da hat der Turm schon fast gewackelt vor lauter Schrammelradau, Gespenstergeräuschen und lauten, lustigen Spielen.
Wer schon immer mal ein kleines Gespenst treffen und mit ihm zusammen was spielen wollte, der kann jetzt mit Max ins Schloß gehen und Willy, dem Schloßgespenst, aus der Patsche helfen …

CD-ROM-Auswahl für den Kindergarten

Klopf an!

Terzio-Verlag, Living Book/Spielgeschichte, ab 3 Jahren

Hier ist ein liebevoll gestaltetes Bilderbuch sorgfältig animiert worden. Wer an den Türen des kleinen Hauses anklopft, tritt ein, bringt Glück herein. In jedem Zimmer erlebt er kleine bewegte Situationen, Geschichten schlichter und begeisternder Art zugleich. Und auf dem Weg durchs Haus gibt's nette Spiele, gerade so spannend, wie sie für ganz Kleine eben sein sollen. Daß das Ganze so farbenfroh und in flottem Strich daherkommt, ist das Verdienst der Illustratorin Anna-Clara Tidholm. Und so wird es des öfteren notwendig sein, noch einmal anzuklopfen und durch das Haus zu marschieren.

Max und die Geheimformel
Max und Marie gehen einkaufen
Max und das Schloßgespenst
Max und die Piraten
Max auf dem Mond

Tivola Verlag, Living Books/Spielgeschichten, ab 4 Jahren

Siehe Kapitel „Kindgerechte Software" und „Max und Willy, das Schloßgespenst".

Fred und das Flaschenfahrrad

Tivola Verlag, Sachgeschichte zum Thema Verkehrserziehung, mit Spielen, ab 5 Jahren

Zusammen mit Fred Pinguin geht's auf Exkursion: Teile für sein Flaschenfahrrad werden gesucht. Dabei wird geübt und gelernt, wie man sich als Radfahrer und als Fußgänger ordentlich und richtig durch die Gegend bewegt. Allerdings mit viel Spaß und ohne Drill. Dafür sorgt einerseits eine reimbegabte Möwe und andererseits Interessantes wie ein Fahrradübungsplatz, ein Verkehrsschildpuzzle und ein gutes Gedächtnis beim Geräusche-Memory. Ein ewig wichtiges, von Natur aus eher trockenes Thema, attraktiv und originell aufbereitet. Pfiffiger ist der Straßenverkehr nicht in den Griff zu bekommen.

Zilly die Zauberin

Tivola Verlag, Living Book mit Video und Spielen, ab 5 Jahren

Die Geschichte von Zilly, die ihren schwarzen Kater Zingaro bunt zaubert, weil sie in ihrem düsteren Haus immer auf ihn tritt, kann man hier hören, im Buch lesen und als Zeichentrick-Film betrachten. Dazu kommen noch herrliche Geräusch- und Musikerlebnisse. Und weil Suchspiele mit Memoryeffekt, Rezepturen und Farbspielereien auch noch allerlei Einblick ins Hexen- und Zauberinnenleben geben, ist diese CD-ROM ein herrlich vergnügliches Kompendium für magisch interessierte Kinder und Erzieherinnen, die gerne mit Zauberstäben den Bildschirm verzaubern …

Übrigens wird der Kater mit seinem bunten Fell zum Gespött für alle Vögel. Aber Zilly findet noch eine Lösung …

Mäusejagd im Grandhotel

Systhema, Geschicklichkeits-Spiel, ab 6 Jahren

Eine skurriles und auch absolut familientaugliches Spiel, bei dem es viel Spaß macht, die Mäuse mit der Maus zu fangen.

Lexikids

Infogrames, CD-ROM-Lexikon, ab 5 Jahren

Ein exzellent konzipiertes Kinderlexikon, in dem Kinder den nützenden Kindern Wissenswertes erklären: Zehn thematische Schwerpunkte können über einen Wissensbaum angewählt werden. Ein hochinteressanter Titel, auch für Kinder ohne Lesekenntnisse geeignet, da die Navigation bestens geregelt ist.

Oscar, der Ballonfahrer, entdeckt den Bauernhof
Oscar, der Ballonfahrer, und die Geheimnisse des Waldes
Oscar, der Ballonfahrer, taucht unter

Tivola Verlag, ab 5 Jahren, Sachgeschichte zum Thema Natur, mit Spielen

Im Auftrag eines verängstigten Tierforschers besucht Oscar sämtliche Tiere des Hofs und interviewt sie. Ein Fesselballon fliegt die Spielenden und Oscar durch die vier Jahreszeiten, was ihr Sachwissen ungemein erweitert. Die Auskünfte der Tierwelt, reichlich viele Spielideen und Klickpunkte sorgen für überzeugende Einblicke in die Natur und das Tierleben rund um den Hof auf dem Lande. In der gleichermaßen geistreichen wie unterhaltsamen Reihe geht Oscar auf zwei weiteren Titeln im Wald und am Wasser auf Erkundungstour.

Löwenzahn 1, 2 und 3

Terzio Verlag, Sachthemen mit Video-Clips, Spielen, Bastelanleitungen, Liedern, ab 5 Jahren

Glücklicherweise läßt Peter Lustig auf CD-ROM genauso wenig zu wünschen übrig wie im Fernsehen. Er bleibt einfach ein guter Sachthemenvermittler. Mit Spielen, Kurzvideos und Bastelanleitungen vermittelt er – in multimedial überzeugend aufbereiteten Strukturen – die Wünsche der Kinder, Fragen aus Natur, Umwelt und Technik beantwortet zu bekommen. Und das Schöne ist, daß man selbst mal in Peters Bauwagen rumstöbern und dabei seinen Wissensdrang stillen kann.

Petterson und Findus

Terzio Verlag, Sachgeschichte mit Spielen, ab 5 Jahren

Petterson und Findus sind auf der CD-ROM natürlich genauso eigenartig komisch wie im Buch. Bei ihnen fliegen die Kühe durch die Luft, und in Pettersons Tischlerschuppen steht wieder mal alles kopf! Aber in dem herrlichen Durcheinander gibt's per Mausklick alles Mögliche zu entdecken: Geschicklichkeitsspiele sind zu meistern, Hobeldiebe müssen entlarvt werden, oder auch Zahlen-Fässer sind durch die Gegend zu rollen. In der sympathischen Chaotenwerkstatt gibt es vieles, was zum Lernen, Rätseln, Musikmachen und Konstruieren anregt. Eine brillant illustrierte CD-ROM, an der Erfinder und Erfinderinnen und Experimentierlustige Gefallen finden – und alle, die Lust auf gute Unterhaltung haben.

Mitternachtsspiel

Tivola Verlag, Kreativspielplatz, ab 5 Jahren

Kvéta Pachovská ist die Schöpferin märchenhafter Charakterzoos, in denen eine Unzahl von Fabelwesen Geschichten erzählen. Per Mausklick reist man durch ihre Theaterwelt geheimnisvoller und kreativer Mitternachtsspiele: Ein tierisches Tanzorchester trommelt nach Wunsch, melodische Tonfolgen sind zu erzeugen, Figuren und Farben laden zum Experimentieren ein. In fünfundzwanzig Szenen ist eine Vielzahl komischer, romantischer und akrobatischer Abenteuer zu erleben. Eine ereignisreiche Erlebnisreise in eine Spielwelt, die Phantasie und Kreativität von Kindern und Erwachsenen anzuregen vermag.

Tips und Praxisliteratur

Einstiegslektüre:

- Webb, Colin / Rowe, Wynne: Kinder entdecken den Computer. Beust Verlag, München 1996.
- Fritz, Jürgen / Fehr, Wolfgang: Handbuch Medien: Computerspiele. Theorie, Forschung, Praxis. Bonn 1997. Kostenfrei zu beziehen bei der Bundeszentrale für politische Bildung.
- Feibel, Thomas: Multimedia für Kids: Spielen und lernen am Computer. Was Eltern und Pädagogen wissen müssen. Reinbek 1997.

Projektberichte:
- SIN (Hrsg.): Spielplatz Computer. Multimedia Landschaften für Kinder. KoPäd Verlag, München 1997.
- Landschaftsverband Westfalen-Lippe, Landesbildstelle Westfalen (Hrsg): Computer im Kindergarten. Ein Projekt- und Erfahrungsbericht. Münster 1998.
- Pädagogisches Büro (Hrsg.): Computer – Spielplatz und Lernort für Kinder? Fortbildungen und Projekte für Erzieherinnen, Kinder und Eltern. Freiburg 1999.

Ratgeber:
- Feibel, Thomas: Großer Kindersoftware-Ratgeber 1999. Verlag Markt und Technik, Haar bei München 1998. (Erscheint jährlich in neuer Ausgabe, in Taschenbuch-Ausgabe im Verlag Heyne)
- Schieb, Jörg: Computer Ratgeber für Eltern und Kids. Altersgerechte Hard- und Software im Härtetest. Vgs Verlagsgesellschaft, Köln 1998.
- „Computerspiele auf dem Prüfstand". Zweimal jährlich erscheinender, kostenfrei zu beziehender Informationsdienst der Bundeszentrale für politische Bildung, der allerdings kaum Produktionen für 3–6jährige Kinder vorstellt.
- „Search & play Plus". Interaktive Datenbank für Computerspiele. Beurteilung von Spielen plus Aufsätze, Projekte, Spiele, Internet-Site. CD-ROM-Update I/99. Bundeszentrale für politische Bildung, Bonn.

4 Medienprojekte im Kindergarten

4.1 Mitspielaktion: „Was Zwerge und Riesen sehen und hören"

Was haben Zwerge und Riesen mit Medien zu tun?

Die Hauptbetätigung der Kinder im Kindergartenalter ist das Spiel. Spielen schafft Erfahrungsraum und ist die den Kindern entsprechende Art und Weise, auf die sie sich ihre Umwelt begreiflich und handhabbar machen, denn im Spiel setzen sie sich mit Menschen und Materialien auseinander. Spielen fordert und fördert Phantasie, Wahrnehmung, Kreativität und Konzentration – und das sind wichtige Voraussetzungen für die Lernleistungen, die die Kinder in ihrer Entwicklung erbringen müssen.

Die folgenden Anregungen entstammen vielen Spielsituationen, in denen es zum einen darum ging, Symbolfiguren in der kindlichen Phantasie spielerisch lebendig zu machen, und zum anderen darum, die uns zur Verfügung stehenden Medien als Ausdrucksmittel für diese Phantasieschöpfungen zuzulassen.

Diese vorproduzierten Medien verwendet jeder von uns, wenn er sich gedruckter Geschichten und Erzählungen bedient und Bilder einsetzt. Die Fähigkeit, sich mit Symbolfiguren auseinanderzusetzen, ist beim Kind noch viel ausgeprägter vorhanden als beim Erwachsenen. Bekommt das Kind geeignete Impulse und Freiräume geboten, hat es viel Kraft, die Wahrnehmung seiner Phantasiewelt in eigene und neue Vorstellungen zu verwandeln. Kinder sehen dann Zwerge und Riesen und erleben sie, als würden sie tatsächlich existieren.

Deshalb können Kinder ihre persönliche Sicht- und Hörweise der Riesen- und Zwergenwelt durch Medien ausdrücken, festhalten und vermitteln. Die Zwergen- und Riesenwelt muß darum für die Kinder nicht bis ins Letzte durchgestaltet und geplant sein, vielmehr gilt es, daß sie diese Welt mitentwickeln. Wenn den Kindern erst einmal viel Ausdrucksraum durch gemalte und fotografierte Bilder und selbstgemachte Spiele und Hör-Cassetten geschaffen wurde, ist es durchaus möglich, daß sie auch ihre eigenen Riesen und Zwerge mit den von anderen, beispielsweise im Film geschaffenen, vergleichen.

Das heißt also: Bei märchenhaften und phantastischen Welten stehen jedem von uns seine inneren Bilder zur Verfügung, und die möchte man zuerst sehen!

Darum können Riesen hinterm Berg, aber auch in der Stadt wohnen, und Zwerge so klein wie eine Maus, aber auch so groß wie eine Katze sein!

Die Welt der Zwerge wird entdeckt

Zwerge gelten in vielen Märchen und Sagen als Symbolfiguren, die als fleißige, intelligente und geschickte Wesen auftreten. Nicht selten kennen und hüten sie verborgene Schätze, vornehmlich Edelsteine und Kristalle, Silber und Gold. Das kommt daher, daß ein großer Teil des Zwergenvolks unter der Erde wohnt und arbeitet. Zwerge walten aber nicht nur in den Gesteinen und Metallen der Erde, sondern auch im Wurzelwerk und in den Pflanzen. Zum Wesen der Zwerge gehört ihre menschenähnliche Gestalt und fast immer die Gabe, sich durch ihre Zwergenmütze unsichtbar machen zu können. Im Zwergenvolk gibt es Frauen und Kinder, das Familienleben wird gepflegt, viele der männlichen Zwerge leben offenbar aber auch als Junggesellen! In der Welt der Zwerge gibt es viele Gemeinschaften, in denen Wichtel, Gnome, Heinzelmännchen, winzige Kobolde – und eben Zwerge leben. Offensichtlich kommen diese am häufigsten vor …

Zur Anregung der Phantasie soll diese kurze Vorstellung erst einmal genügen. Wie gesagt, Kinder sind offen und sensibel für die Symbolfigur des Zwergs und schätzen es, diese für sie nahen und greifbaren Wesen in Geschichten kennenzulernen und in ihr Spiel miteinzubeziehen. Eine in der Nähe des Kindergartens liegende und bekannte Örtlichkeit (ein Berg, ein Fluß oder ein Wald) bietet sich besonders gut als Impuls für einen Einstieg in die Zwergenwelt an: „Vor nicht allzu langer Zeit lebten im Stadtwald noch eine Schar bemützter Zwerge in Frieden und Eintracht zusammen. Jeder hatte gar wundersame Eigenschaften und seine besonderen Fähigkeiten und Aufgaben: der Wurzelzwerg, der Rindenschnitzzwerg, der Fliegenpilzzwerg, der Mooszwerg, der Kohlmeisenzwerg, der Wiesenblumenzwerg, der Marienkäferzwerg, der Mäusezwerg und der Teichzwerg …"

Medienproduktion mit Spielen und Geschichten von Zwergen verknüpfen

Gemeinsam mit den Kindern kann zusammengetragen werden, wie die jeweiligen Zwerge wohnen und arbeiten, was ihre Eigen- und Leidenschaften sind. So entstehen lebendige und spannende Geschichten, die sich auch immer um- und weiterentwickeln lassen. Die bieten dann sozusagen die Rahmenhandlung, mit der man seinen persönlichen Fundus von Ideen und die folgenden Anregungen zum Spiel und zur eigenen Medienproduktion verknüpfen kann. So gestaltet sich eine intensive Spielwelt, die die Zwerge in den Kindergarten holt, sie dann vielleicht dem Riesen begegnen oder eben nacheinander auftauchen läßt, weil sie sich noch nicht gesehen und kennengelernt haben, wer weiß …

Zwerge sind gute Sachensucher

Warum tragen alle Zwerge Mützen? Damit sie unsichtbar sind oder damit man sie von den anderen Wesen, die in der Unterwelt leben, unterscheiden kann … Das kann alles sein, aber sicherlich wird man von Kindern ganz andere einleuchtende und überzeugende und auf jeden Fall sehr vielfältige Antworten auf diese Rätselfrage erhalten.

Es steht fest, daß ein Zwerg ohne Mütze kein Zwerg ist. Und so bietet es sich förmlich an, dieses wichtige Utensil mit den Kindern selber herzustellen.

Auf rotes Tonpapier zeichnen wir einen Halbkreis mit großem Radius. Wenn der Hutkegel niedriger und stumpfer werden soll, reicht auch ein Dreiviertelkreis mit kleinerem Radius. Der Kreisausschnitt wird ausgeschnitten, an einer Kante wird ein Strich Klebstoff aufgetragen, und dann kann man den Zwergenhut formen und zusammenkleben, passend zur Kopfweite. Diese Hüte eignen sich fürs Spielen und Tanzen und für eine Sachensuche nach Zwergenart. Mitspielen können bis zu 8 Kinder ab 4 Jahren.

Material: 20 bis 40 gleichaussehende Zwergenhüte, 10 bis 20 doppelt vorhandene Gegenstände; geeignet ist alles, was unter die Zwergenhüte paßt und etwas mit der Zwergenwelt zu tun hat, zum Beispiel: Wurzeln, Moos, Kleeblätter, Schneckenhäuser, Zauberringe, Glöckchen, Tannenzapfen, Kerzenstummel, Edelsteine, Körbchen, Säckchen, Mäuse oder andere aus Knetmasse geformte Tiere.

Spielziel: Die zusammengehörenden Zwergensachen zu finden.

Spielvorbereitung: Die zwergigen Gegenstände werden unter den Zwergenhüten versteckt.

Spielablauf: Ein Kind nach dem anderen darf die Geheimnisse zweier Zwergenhüte lüften. Wer dabei ein zusammengehörendes Paar findet, nimmt es heraus. Oberzwerg/in wird, wer am Schluß die meisten Paare gefunden hat. Wenn die leeren Zwergenhüte im Spiel bleiben, dann wird das Spiel besonders schön verwirrend …

Wer das Spiel ohne großen Vorbereitungsaufwand spielen möchte, verwendet anstatt der selbstgebastelten Mützen Joghurtbecher.

Zwergen-Dia-Reihe

Wie man Dias ohne Fotoapparat selbermachen kann, steht im Kapitel 3.1. Dort wird beschrieben, wie man Glasdias mit Ruß schwärzen und bemalen kann (Seite 57). Der Kontrast zwischen Schwarz und Weiß läßt der Phantasie viel Spielraum und betont den geheimnisvollen Charakter der Zwergenwelt.

Jedes Kind malt seinen Zwerg, die Erzieherin steuert ein Bild bei, das für die Kinder vielleicht schwierig zu malen ist, die Zwergenhöhle oder den Zwergenwald. Die zauberhafte Vorführung beginnt und kann kommentiert und gleichzeitig mit Orff-Instrumenten musikalisch begleitet werden.

Mit fünf- und sechsjährigen Kindern ist es auch möglich, Reime in solche Rußbilder umzusetzen:

Da oben auf dem Berge, eins, zwei, drei,
da tanzen sieben Zwerge, eins, zwei, drei.
Dort unten auf der Wiese, eins, zwei, drei,
da sitzt der alte Riese eins, zwei, drei.

Fotosuchbild Zwergenschätze

Die Kinder gestalten einen Bildaufbau, wie er in Kapitel 3.1 unter Fotosuchbild (vgl. S. 49) beschrieben wurde: indem sie alle selbstgebastelten und -gesammelten Zwergensachen zu einem Bild arrangieren und abfotografieren. Dann werden einige der Zwergenschätze entfernt und das Bild nochmals fotografiert. Solche Suchbilder fordern auch die Erwachsenen in ihrer vergleichenden Wahrnehmungsfähigkeit und können zum Rätselbuch gebunden werden, das die Kinder reihum mit nach Hause nehmen.

Wie man Zwerge auf die Hör-Cassette bringt

Das geschieht mit einer Cassettenproduktion, die die für den Hörbrief charakteristischen Gestaltungselemente aufgreift (siehe Kapitel 3.2, S. 82). Die Cassetten, die die Kinder mit mir zu diesem oder auch zu anderen Themen produziert haben, wurden meist durch einen Impuls angeregt, den ein anderes Medium (Spielzeug, Buch) ausgelöst hatte.

Zur inhaltlichen Gestaltung dieses Themas dient alles aus der Welt der Zwerge. Als Einführung wird eine Zwergengeschichte mit verteilten Rollen vorgelesen, die die Kinder mit Orff- oder selbstgemachten Zwergen-Musikinstrumenten begleiten. Als nächstes folgt das Ratespiel: „Welche Tiere sind im Zwergenwald?“ Zur Inspiration dienen die Tierkärtchen, die sich im Bärenspiel (Verlag Herder) befinden. Zu diesen äußern die Kinder die entsprechenden Laute oder beschreiben das Tier, indem sie auf markante Eigenschaften hinweisen. Ein Live-Mitschnitt aus dem Spiel mit dem selbst hergestellten Zwergenspiel ist der dritte Aufnahmeabschnitt der Hör-Cassette. Zwergen-Verse und das „Lied der Zwerge“ wurden ins Mikrophon gesprochen und gesungen. Die Überleitung von Beitrag zu Beitrag wird durch Musik geschaffen und ist ein Teil eines Instrumentalstücks, das die Kinder selbst ausgesucht haben, „weil es zu den Zwergen paßt“. Eingeleitet wird die Cassette mit der Ansage: „Besuch bei den Zwergen. Eine Cassette für alle, die Zwerge sehen können, selber gemacht von den Kindern und Erzieherinnen der Sonnengruppe, das sind Katja, Hanna, Jonas …“ (die Kinder sprechen ihre Namen in das Mikrophon). Für die selbst aufgenommene Hör-Cassette wird auch die Hülle, das Cassetten-Cover, selbst gestaltet.

Ein Zwergenspiel entsteht

Zwerge haben kleines Gepäck, und deshalb brauchen sei keine großen Spiele. Jedes Kind kann selber ein Zwergenspiel herstellen und übers Wochenende mit nach Hause nehmen. Ein Vorschlag hierzu:
Der Spielplan entsteht aus einem normalen Blatt Papier im DIN-A4-Format. Dieses wird in 6 Bahnen eingeteilt, auf denen 6 Zwerge den 9 Felder langen Zwergenlauf antreten. Die Feldeinteilung wird fotokopiert, die Ausgestaltung des Zielbereichs (9. Feld) übernehmen die Kinder selbst. Die Kinder stellen 6 unterschiedliche, einem Farbwürfel entsprechende Zwergenhüte aus Filz her und setzen sie auf die 6 Weinkorken – und schon kann der Zwergenwettlauf beginnen: Wer an der Reihe ist, zieht

den Zwerg, dessen Farbe er gewürfelt hat, vorwärts. Der Zwerg, der am schnellsten bei den Edelsteinschätzen – oder wie immer das Ziel gestaltet sein mag – angelangt ist, hat das Rennen gewonnen. Ein unter die Kork-Zwerge geklebtes Pfennigstück verbessert ihre Standfähigkeit.

Der selbstgemachte Zwergen-Spiel-Schatz wird in einer kleinen Schachtel, die man bemalt oder beklebt, oder in einem kleinen Säckchen aufbewahrt.

Schattenrißfotos: Und Zwerge gibt es doch

Sehr überzeugende Zwergenporträts gelingen mit schwarzweiß fotografierten Silhouetten- oder Schattenrißfotos

Für die Zwergen-Porträt-Aktion stellt man einige Zwergenmützen her. Da man auf dem Foto nur den Schatten abgebildet sieht, kann man sich irgendein Material aussuchen, das ideal verformbar ist. Die Abbildungen wirken lebendiger, wenn der Zipfel der Mütze einmal steht, das andere Mal hängt. Auf den abgebildeten Fotos wurden Geschirrhandtücher zu Zwergenmützen, die mit locker geknülltem Zeitungspapier ausgestopft waren. Lange Haare, ans Kinn gehalten, werden im Schattenriß zum Bart „verzaubert".

Die Aufnahme der Schattenrißfotos:

In einem verdunkelten Raum wird das Zwergenkind vor eine weiße oder möglichst helle Wand gestellt. Diese wird mit einem Diaprojektor angestrahlt, so daß darauf eine Fläche von ungefähr 1,25 m x 1,25 m ausgeleuchtet ist.

- Der Projektor steht 2–3 m von der Wand entfernt.
- Das Zwergenkind, das fotografiert wird, steht im Lichtstrahl des Diaprojektors. Es ist als Schattenriß auf der Wand zu sehen.
- Das Kind, das fotografiert, muß beachten, daß im Sucher der Kamera nur der Schatten des Zwergenkindes zu sehen ist.
- In die Kamera sollten Sie einen hochempfindlichen Schwarzweiß-Film mit 27 DIN/400 ASA Lichtempfindlichkeit (Ilford HP5 plus oder Agfapan 400) einlegen.
- Die Grunddaten zur Aufnahme von Schattenrißfotos sind
  Projektorabstand: 2 bis 3 m von der weißen Wand;
  Ausleuchtfläche: 1,25 m x 1,25 m bei einer Projektorleistung von 250 Watt;
  Belichtungszeit: 1/60 Sekunde, Blende 16 bei einer Lichtempfindlichkeit
  von 400 ASA.

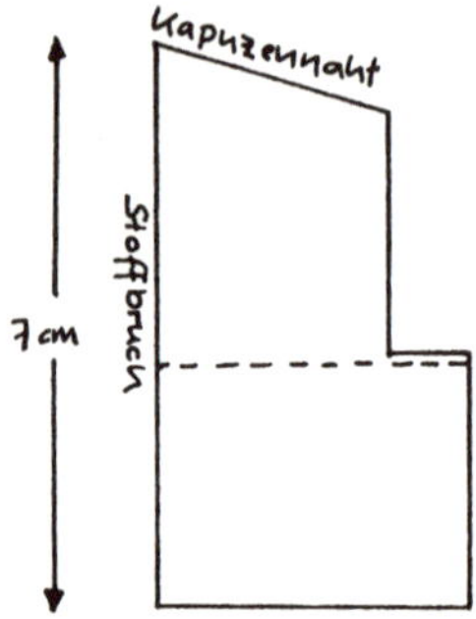

Zwerge selbermachen

kann man auf sehr vielfältige Art:

- aus Korken, mit kleinen Zipfelmützen aus rotem Filz;
- aus Haselnüssen, auf die eine kleine Perle geklebt wird; auf dieser wird dann wiederum ein kleines Hütchen aus Filz oder Papier befestigt;
- aus einem kleinen Kiefernzapfen (Zwergenkörper), auf den eine Buchecker (Kopf) geklebt wird. Die Buchecker stopft man vorher mit ungesponnener Schafswolle aus und macht dem Zwerg einen federleichten Umhang aus bunter, ungesponnener Schafswolle. Mit etwas Knetmasse steht der Zwerg auf einer Pappscheibe;
- Selberstricken: Eine ausführliche Strickanleitung für Zwerge findet man in Heft 9 der Arbeitsmaterialien aus den Waldorfkindergärten, Verlag Freies Geistesleben, Stuttgart 4. Aufl. 1999;
- aus Filz, aus dem ein kleiner Umhang genäht wird, den man mit ungesponnener Schafswolle ausstopft (Schnittmuster siehe Skizze).

Zwergenlandschaft

Im Gruppenraum im Kindergarten läßt sich ein kleines Zwergenreich, beispielsweise auf der Fensterbank, gestalten:

Auf ein Tuch werden Wurzeln, Baumrinde, Gräser, Moos und schöne Steine gelegt, die eine Zwergenlandschaft bilden, in der die Zwerge wohnen können.

Hörspiel „Tatatuck"

Ein Hörspiel mit Liedern für Kinder ab 5 Jahren. Cassette und CD erschienen im Patmos Verlag, Düsseldorf, 1993.

Tatatuck ist ein kleiner Wurzelzwerg, der gewissenhaft Bäume und Pflanzen versorgt. Eines Tages schleicht er sich heimlich fort, um seinen größten Wunsch zu verwirklichen: Er möchte gerne ein Kristallzwerg sein. Dafür fordert der Zwergenkönig einen Bergkristall mit Zauberkräften.

Den weißen Grottenolm, der den Höhleneingang zum Edelsteinberg bewacht, passiert Tatatuck mutig. Unter der Erde trifft er auf den Kristallmeister, der ihm ein Kristallhämmerchen schenkt. Es wird ihm auf seiner abenteuerlichen Reise den Weg weisen, aber auch in manch schwierige Situation bringen – ist es doch von sämtlichen Kobolden, denen er begegnet, heiß begehrt: Der Schlaukobold würde es sehr gerne klaumopsen, und der schmuddelige Stinkekobold, der am Bach lauert, hat das gleiche vor. Einen Freund findet Tatatuck in Husch Kusch, dem Eichhörnchen, das er vor dem unseligen Ratschkobold in Sicherheit bringt. Als fieser Lügenkobold entpuppt sich der Wahrheitswicht, der auch nur das Stehlen des kostbaren Hämmerchens im Sinn hat. Dieses rettet die beiden Freunde bei einer spannenden Verfolgungsjagd mit dem Großkobold – sie klopfen ihm damit einfach auf die Nase.

Im Kristallsee findet Tatatuck schließlich den funkelnden Bergkristall, der das Licht der Sonne speichert und in Regenbogenfarben bricht. Der Edelstein erhält einen Ehrenplatz am Thron des Zwergenkönigs, und Tatatuck wird Kristallzwerg – die geläuterten Kobolde aber müssen fortan das Wurzelschrubben und Pflanzenpflegen übernehmen.

Von Jakob Streit stammt die Erzählung, die phantasievolle Hörspielbearbeitung von Bernd Kohlhepp und Jürgen Treyz. Der Fortgang der Geschichte wird stimmungsvoll mit Geräuschen und Melodiepassagen gestaltet. Da die handelnden Figuren durch Lieder eingeführt werden, kann diese Cassette mit 44 Minuten Spielzeit auch in einzelnen Abschnitten gehört werden. Der Erzählstoff ist äußerst liebevoll und atmosphärisch inszeniert. Das reizt zum konzentrierten Zuhören, zumal die Welt der Kobolde und Zwerge (nicht nur) auf Kinder einen großen Zauber ausübt – denn sie verfügen noch über ein magisches Bewußtsein.

Methodische Hinweise zum Einsatz von Hörspiel-Cassetten

- Bevor man Cassetten einsetzt, hört man sie selbst an!
- Die Kinder sollten durch eine kurze inhaltliche Hinführung zum Hören der Cassette eingestimmt werden.
- Wenn die Kinder während des Hörens wichtige Verständnisfragen stellen, sollte die Cassette angehalten werden. Beim Weiterhören wird die unterbrochene Passage wiederholt.
- Gute Hörspiel-Cassetten können mehr als einmal eingesetzt werden. Kinder schätzen Wiederholungen. Diese bieten die Chance, daß man sich genauer über das Gehörte austauschen, die Botschaft entdecken kann. Wenn Kinder sich in den Geschichten wiederfinden, wirkt sich dies oft fördernd darauf aus, daß sie die Botschaft auf ihre Lebenssituation beziehen.
- Besonders einprägsame Hörszenen spielen die Kindern gerne nach.
- In der Nachbereitung der Hör-Cassetten liegen viele Lern- und Erfahrungschancen, denn dadurch können die Kinder die Geschichten weiter be- und verarbeiten und vertiefen.
- In Kapitel 3.2 (S. 72) finden Sie grundsätzliche Überlegungen zur Fragestellung: Cassetten im Kindergarten einsetzen?

Tips und Praxisliteratur zum Thema Zwerge

- Vom Wesen der Zwerge und wie man sie gestaltet, ist zu erfahren in: „Zwergenreiche" von Angelika Wolk-Gerche, erschienen im Verlag Freies Geistesleben, Stuttgart 1998. Außerdem sind in diesem Arbeitsbuch Zwergengeschichten und Wissenswertes über die Darstellung der Naturwesen in der Volkspoesie zu finden. Zahlreiche Anregungen zur Herstellung und Gestaltung von Zwergen, Ideen zum Spielen und Lieder geben einen wunderschönen und inspirierenden Einblick in die Welt dieser Elementarwesen.
- Ein Beschützer und Freund von Mensch und Tier ist „Tomte Tummetot" von Astrid Lindgren, erschienen im Oetinger Verlag, Hamburg 1960. Tomte Tummetott ist einer der Zwerge, die nachts im Mondlicht umhergeistern. Er weiß, daß einer der sehnlichsten Kinderwünsche der ist, ihn einmal sehen zu können. Aber außer seinen Fußstapfen im Schnee entdecken sie nichts ... Und trotzdem wissen alle Kinder, daß es ihn gibt!
- Von Zwergen und Kobolden erzählen die 17 Kurzgeschichten in „Liputto" von Jakob Streit, erschienen im Urachhaus Verlag, Stuttgart 4. Aufl. 1992.
  Liputto, ein kleiner Blütenzwerg, ist auf Bergwiesen und in Wäldern zu Hause. Seine hervorstechendsten Eigenschaften sind eine stark ausgeprägte Hilfsbereitschaft und Sinn für Natur und Gerechtigkeit.
- Einblick in die geheimnisvolle Welt der Zwerge geben die sechzig kurzen Märchen in „Hinter den sieben Bergen", herausgegeben von Els Boekelaar und Ineke Verschuren im Urachhaus Verlag, Stuttgart 2. Aufl. 1991.
- „Waldschattenspiel", ein Brettspiel mit Licht und Schatten, das im dunklen Zimmer gespielt wird, von Walter Kraul. In kooperativer Spielform ist es ein ideales Familienspiel, besonders für lange Winterabende,

in abgewandelter, vereinfachter Form auch mit Kindern im Kindergartenalter spielbar: Auf dem Spielplan stehen 10 Bäume aus Sperrholzbrettchen. Der erwachsene „Lichtführer" zündet das Teelicht an, stellt es auf den Spielplan, und dadurch werfen die Bäume ihre Schatten. Dann hält sich der Lichtführer die Augen zu, und die Kinder verstecken ihre Zwergenfiguren in den Schatten der Bäume. Der Spielführer würfelt und zieht sein Licht in irgendeine Wegrichtung weiter. Falls dabei ein Zwerglein beleuchtet wird, ist es gefunden. Welcher der sechs Zwerge kann sich am längsten verstecken?
Bestellmöglichkeit: Spieleversandhandel Adam spielt, Fridhelm Adam, Königsbergerstraße 10, 61169 Friedberg/Hessen.

– Film: „Die Wichtelmänner", LBS 3202054, 15 Minuten, ab 6 Jahren, BRD 1968. Der farbige Puppentrickfilm erzählt, wie Wichtelmänner einem Schusterehepaar zu Wohlstand verhelfen.

Die Welt der Riesen wird entdeckt

Es gab einmal Zeiten, da konnte es passieren, daß man durch den Wald ging und einen Riesen traf. Die Menschen aber haben den Riesen nicht ausreichend Platz gelassen, und so gibt es nur noch wenige von ihnen. Das ist auch der Grund, warum man fast keinem mehr begegnen kann. Nur an manchen Herbstabenden, wenn die Schatten länger werden und die tiefrote Sonne ganz langsam untergeht, kann man am Himmel einen reitenden Riesen sehen, der seinen Drachen irgendwo in eine Schlucht lenkt. Und manchmal steigt dann dort am nächsten Tag der Dunst auf …

Wenn wir die Symbolfigur des Riesen näher besehen, wird sie überraschend oft recht klein und menschlich beschrieben. In den Geschichten und Erzählungen sind die Riesen in zwei Kategorien einteilbar: Die einen agieren als vertrottelte, finstere und oft einäugige Wesen, die anderen sind harmlos, und manchmal haben sie auch noch etwas von der einstigen Weisheit der alten Ur-Riesen aus Sagen und Legenden behalten dürfen. Riesen sind unter Bergen, in Wäldern und Mooren oder auch an Seen und am Meer behaust und wohnhaft. Befreundet sind sie manchmal mit Drachen, und in ihrem Riesenleben haben sie es oft mit Zwergen zu tun. In Bilderbüchern sind Riesen auffallend oft einsam und ängstlich.

Soweit also eine kurze Einführung in dieses „Riesengebiet".

Medienproduktion mit Spielen und Geschichten von Riesen verknüpfen

Riesige Schattenspiele

Im Spiel mit dem eigenen Schatten erleben die Kinder, wie Riesen zu Zwergen schrumpfen oder Zwerge riesig groß werden können. Das funktioniert folgendermaßen:

Ein Leintuch wird mit Licht (Dia- oder Tageslichtprojektor) angestrahlt, die Kinder bewegen sich im Lichtstrahl zwischen der Lichtquelle und dem Leintuch. Die wunderbare Verwandlung von groß in klein oder umgekehrt findet eine höchst einfache Erklärung: Die Größe der Kinderschatten ändert sich je nach dem Abstand, den sie von der Leinwand haben. Mit Hilfe unterschiedlicher Kopfbedeckungen oder durch andere, auch selbstgefertigte Requisiten, wird eine spielerische Umsetzung riesenhafter Abenteuer und zwergiger Ansichten angeregt. Das Spiel mit den Schatten eignet sich ideal, um die gegensätzlichen Welten der Riesen und Zwerge in Verbindung zu bringen.

Die Riesen-Hörcassette

Entstanden ist sie aus der Vorstellung der Kinder, daß Riesen so groß sind, daß sie über die Wolken ragen und sie herumschieben und herumwerfen können. Sie spielen also eine Art Wolkenball, und wenn die regenschweren Wolken aufeinanderprallen, donnert es am Himmel ganz gewaltig. Diese phantastische Vorstellung weitet sich immer mehr aus und wurde schließlich zum Wetterspiel auf der Riesen-Cassette:

Der Riese „Donner-Lüttchen" ließ mit einem Stück Blech gewaltig den Donner krachen, rauschte windgewaltig mit Alu-Folie und Knisterpapier vor dem Mikrophon herum, ließ mit rieselnden Kieselsteinchen den Regen prasseln und warf, weil er so stürmisch war, allerhand Gegenstände im Gruppenraum um. So hat die Herstellung dieser Cassette im wahrsten Sinne des Wortes ganz schön viel Staub aufgewirbelt. Weitergeführt wurde das Ganze mit der Erzählung einer Riesengeschichte in verteilten Rollen und dem Lied vom Riesen Tadellos, das im Original auf der Cassette: „Was können wir jetzt spielen? – Spiel- und Kuschellieder", erschienen im Musikbär-Verlag, zu hören ist.

In der Zeit dieser Riesen-Cassetten-Produktion entstanden in gemeinsamer Dichtung folgende Verse:

Tief im Wald, auf einem hohen Berg,
da niest der Riese Tadellos,
da läuft im Tal der Zwerg
vor Schreck ins grüne Sternenmoos.

Riesengroße Riesen müssen öfters niesen.
Dann läuft im Berg der Zwerg vor Schreck
ziemlich schnell in sein Versteck.

Oben auf dem Berg gießt der Riese seine Wiese.
Unten in der Zwergenhöhle schreit ein Zwerg aus voller Kehle,
denn mitten auf dem Tisch steht ein frisch gekochter Fisch.
Der wird naß und nasser,
vor lauter Wasser.

Riesenspielzeug

Einstmals lebte in einer großen Höhle, weit weg vom nächsten Dorf, tief in den dunklen Tannenwäldern, ein Riese von gar seltsamer Gestalt und zottelig bekleidet. Seine Lieblingsbeschäftigung war es, riesengroße Bücher zu malen, in denen wunderbare Bilder waren. Und manchmal findet man noch heute solche Riesen-Bilderbücher in der Buchhandlung.

Im Spielmittelbereich gibt es in den letzten Jahren eine Menge Spielzeuge und Spielmittel, die in „riesiger" Ausführung zu erstehen und für diese Spielprojekte einsetzbar sind, wie zum Beispiel: Riesenseifenblasen, Riesenwürfel, Riesenstapelmännchen (Geschicklichkeitsspiel von Ravensburger) und Riesenluftballone.

Riesengroße Bewegung mit Kindern und Zwergen

Die riesigen Unterschiede in der Körpergröße von Riesen und Zwergen lassen sich mit den Kindern in viele Bewegungen umsetzen.

Die Kinder erfinden einen Zwergensprung oder gehen schwer wie Riesen, leicht wie Zwerge, machen Riesenschritte und Zwergen-Trippel-Schritte. Auch die Lebenswelt der Zwerge und Riesen gibt vielfältige Anreize: Berge darstellen, indem sich zwei Kinder gegenüber auf den Rücken legen, die Füße nach oben strecken und dabei die Fußsohlen gegeneinander drücken. Durch den so entstandenen Tunnel kriechen die Zwerge. Die Riesen und Zwerge entdecken Waldwege, die sie entlanggehen, Baumstämme, auf denen sie balancieren, Wurzeln, die sie überklettern ... Wer in die Welt der Riesen und Zwerge findet, hat sicherlich keine Schwierigkeiten, Ideen für das Zusammenspiel von Bewegung, Körper und Thema zu finden.

Riesen-Laufspiel selbst gemacht

Das bekannteste Laufspiel in Spiralform ist das Gänsespiel mit der Aufteilung in 63 Felder. Es wird auf dem Spielbrett mit Spielfiguren, Würfel und Regeln gespielt. Neben dem Würfelglück sind die Ereignisfelder von großer Bedeutung, wenn es darum geht, die Spieler bei ihrem Wettlauf ins Ziel aufzuhalten oder zu beschleunigen. Die Spielregel ist bekannt: Es wird reihum gewürfelt und mit den Spielfiguren, vom Startfeld ausgehend, um die gewürfelte Augenzahl gezogen. Wer zuerst das Zielfeld erreicht, hat gewonnen.

Vorbereitung: Weil unser Spiel ein Riesenspiel gibt, wird ein besonders großer Spielplan gestaltet: Entweder werden die Felder (für Kinder reichen etwa 40) auf ein Leintuch gezeichnet, dann kann man das Spiel drinnen und draußen spielen, oder der Spielplan wird im Hof mit Kreide aufgezeichnet. Dann werden etwa 8 bis 10 Ereignisfelder bestimmt und markiert. Wir brauchen noch einige originelle Riesenideen für die Geschichte, in der das Spiel handelt, und dann sammeln wir passende Ideen für die Ereignisfelder. Dabei sind der Phantasie der Spieleerfinder keine Grenzen gesetzt …

Die folgenden Ereignisse sind Beispiele, die Bewegung, Hören, Tasten und Schmecken in das Regelwerk integrieren.

- Der Riese macht Rast und ißt seine Nüsse, eine davon gibt er dir ab. Einmal aussetzen.
- Plötzlich hört der Riese drei seltsame Geräusche (vorher genügend Geräusche auf Cassette aufnehmen und abspielen, wenn ein Spieler dieses Feld erreicht). Was ist das? Man darf so viele Felder vorziehen, wie man Geräusche richtig erraten hat.
- Der Riese rutscht auf einem Tannenzapfen aus. Dabei fällt er vier Felder zurück.
- Der Riese kommt aus seiner Höhle. Es ist so hell, daß er von jemand geführt werden muß (mit geschlossenen Augen einmal um den großen Spielplan herum). Dann dürfen beide noch einmal würfeln.
- Auf seinem Weg findet der Riese eine Schachtel. Er fühlt, was da drin ist (Schuhschachtel mit zwei Löchern zum Hineingreifen und einigen Gegenständen, die ertastet werden), und bringt sie dem, der am nächsten steht. Riesenspielfigu-

ren baut man aus großen Plastikflaschen, die man mit Sand füllt und gestaltet; größere Augenwürfel aus Schaumstoff findet man im Spielzeughandel.

Tips und Praxisliteratur zum Thema Riesen

- In geheimnisvollen Bildern, in denen es viel zu entdecken gibt, wird die originelle Begegnung von zwei höchst unterschiedlichen Gesellen erzählt: „Pinto und der Riese“ von Martina Müller und Enrico Gérard, Urachhaus Verlag, Stuttgart 1998. Der Wuzelzwerg Pinto fragt sich oft, wer wohl hinter den fernen Berggipfeln leben mag, wo jeden Abend die Sonne untergeht. Früher als ihm lieb ist, erfährt er die Antwort: Die Erde bebt und dröhnt, die Tiere fliehen – und zwischen den Bäumen erscheint ein mächtiger Stiefel: Ein Riese naht! Ein Bilderbuch über zwei gegensätzliche Wesen, die Freundschaft schließen.
- Eine junge Frau von stattlicher Größe ist „Die Riesin“ von Evelin Hasler und Renate Seelig, Verlag Heinrich Ellermann, München 1996. Allein und zurückgezogen lebt sie in einem Haus am Waldrand, weil sie sich ihrer Größe schämt. Erst einem jungen Förster gelingt es, sie aus ihrer Einsamkeit herauszulocken. Er lädt sie zum Karnevalsfest in der Stadt ein, auf dem er als Riese verkleidet ebenfalls auftaucht. Und so kommt die Riesenfrau endlich zu einem, der ihr gewachsen ist …
- Riesen-Geschichten berichten immer auch davon, was die Leute von Menschen halten, die ihnen nicht vertraut sind. Wie Riesenunterschiede zu überwinden sind, davon erzählt „Rosie und der Riese“ von Antonie Schneider und Siglint Kessler, Nord-Süd-Verlag, Gossau-Zürich 1998. Herzlich und offen geht Rosie auf den Riesen Theobald zu. Ihre Furchtlosigkeit führt letztendlich sogar dazu, daß die Leute von Haselbach keine Angst mehr vor Riesen haben.
- „Der kleine Riese Kasimir“, ein Brettspiel für Kinder ab 6 Jahren, Goldsieber Spiele, 1998. Kasimir ist vom Spielen und Herumtollen müde geworden und döst in der warmen Sonne ein. Als er aufwacht, ist er am Boden festgebunden, und um ihm herum tollen lauter kleine farbenfrohe Menschen. Schon nach kurzer Zeit überzeugt der brave Kasimir die Kleinen, ihn wieder zu befreien. Die Spieler helfen den kleinen Männchen, Kasimir loszubinden: Sie sammeln die Pflöcke ein, mit denen Kasimir gefesselt ist. Die Pflöcke sind unterschiedlich viele Punkte wert. Wer am besten hilft, hat am meisten Punkte und gewinnt. Ein pfiffiges Spiel, bei dem Farben und Grips eine große Rolle spielen.

- Film: „Der selbstsüchtige Riese“, 15 Minuten, ab 6 Jahren.
  Der schwarzweiße Zeichentrickfilm erzählt nach dem Märchen von Oscar Wilde die Geschichte eines Riesen, der sich von seiner Umgebung abkapselt.
  Verleih: Landesbildstellen sowie katholische und evangelische Medienzentralen.
- Dia-Serie: „Mäusemärchen und Riesengeschichten“ von Annegert Fuchshuber.
  In 20 Farb-Dias werden das Märchen von der tapferen Haselmaus und die Riesengeschichte vom furchtsamen Riesen erzählt.

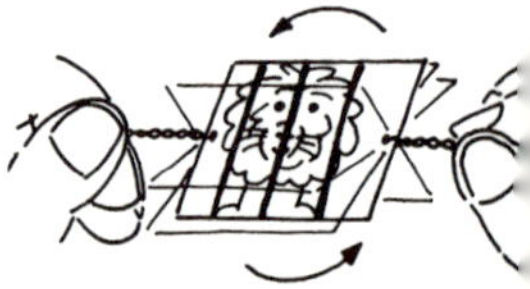

4.2 Spielzeuge, die den Bildern das Laufen lehren

Die physikalischen Erkenntnisse und technischen Entwicklungen des 18. und 19. Jahrhunderts, verbunden mit der biologischen Erforschung der Sinne, haben den Weg dafür bereitet, daß die Bilder laufen lernen konnten. 1895 fand in Paris die erste Filmvorführung statt. Im Alltag des letzten Jahrhunderts waren die Konstruktionen und Geräte, die Bilder zeigten und bewegten, ein Unterhaltungsangebot auf Jahrmärkten. Gleichzeitig wurden sie von der aufkommenden Spielzeugindustrie in Miniaturform hergestellt und verkauft. Kinder und Erwachsene ließen sich von diesem optischen Modespielzeug faszinieren, und bis in die 20er Jahre unseres Jahrhunderts war es im Handel zu finden.

In der medienpädagogischen Arbeit sind diese Modespielzeuge der Vergangenheit ideale Mittler, durch die Kinder und Erwachsene spielerisch die Grundprinzipien des Films verstehen lernen. Die Bewegung, die wir in Filmbildern sehen, ist eben nicht Wirklichkeit, denn unsere Wahrnehmung wird überlistet, die Bewegung vorgetäuscht.

Das demonstrieren uns die einfachen optischen Spielereien, die ich Ihnen auf den nächsten Seiten vorstellen werde: die

Wunderscheibe, das Streifen- und das Daumenkino. Sie sind Spielzeuge, die Kinder die Geheimnisse, die mit dem Film zusammenhängen, erleben lassen. Die Illustrationen dienen als

Vorlage zum Vergrößern, Kopieren und Ausprobieren. Wobei ich erwähnen möchte, daß Kinder eine herrliche Phantasie haben, selbst Motive zu finden und zu zeichnen.

Wunderscheibe

Sie wird auch Drehkino oder Wendebild genannt und zeigt uns, wie zwei unterschiedliche Abbildungen, die auf der Vorder- und Rückseite unseres Spielzeugs abgebildet sind, durch Drehung zu einem einzigen Bild verschmelzen können.

Als Vorbereitung entwerfen wir zwei Motive, die in einem Bezug zueinander stehen (beispielsweise Ei und Eierbecher, Schwein und Schweinehirt, Apfel und Wurm, Vase und Blumen, Angler und Fisch). Diese zeichnen wir auf zwei ausgeschnittene kreisrunde oder rechteckige, stärkere Papiere oder leichten Karton. Wir haben also eine Vorder- und Rückseite, wobei die rückseitige Abbildung auf dem Kopf stehen muß. Das Ganze wird erst einmal nur mit einem Tupfer Kleber zusammengeklebt. Etwa 1 cm vom äußeren Rand der Wunderscheibe wird links und rechts ein Loch gebohrt, durch das man eine Schnur oder ein Gummiband zieht.

Nun wird die Übereinstimmung der Zeichnungen ausprobiert, indem man das Ganze zwirbelt. Sobald die Motive beim Drehen ein komplettes Bild ergeben, klebt man sie fest zusammen.

Fertig ist das Drehkino, das beweist, wie träge unser Auge reagiert: Der Eindruck der einen Wunderscheiben-Abbildung wirkt auf die Netzhaut des Auges nach, während schon das zweite zu sehen ist, das seinerseits nachwirkt, während bereits wieder das erste zu sehen ist, und so immer von neuem. Durch das Drehen entsteht der Eindruck, es handle sich um ein einziges Bild. Die Entdeckung dieses physiologischen Effekts, der in der Fachsprache als Nachbildwirkung bezeichnet wird, war wegbereitend für die Erfindung des Films.

Tips und Ratschläge:

Eine Wunderscheibe kann auch aus Sperrholz oder Bierfilzen gefertigt werden. Als Drehmechanismus eignet sich auch ein Holzstäbchen (Fleischspieß), das man als Querachse zwischen die beiden Papierflächen der Wunderscheibe klebt.

Streifenkino

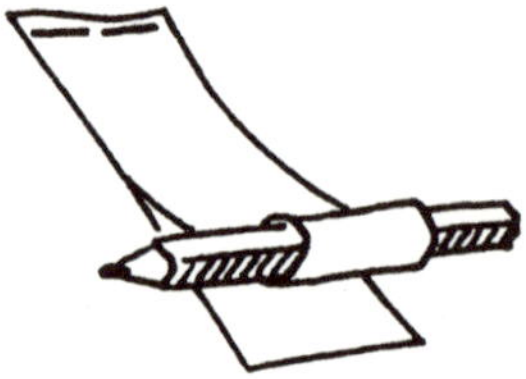

Daß die Illusion der Bewegung schon bei zwei Bildern mit unterschiedlichen Bewegungsphasen funktioniert, zeigt das Streifenkino.

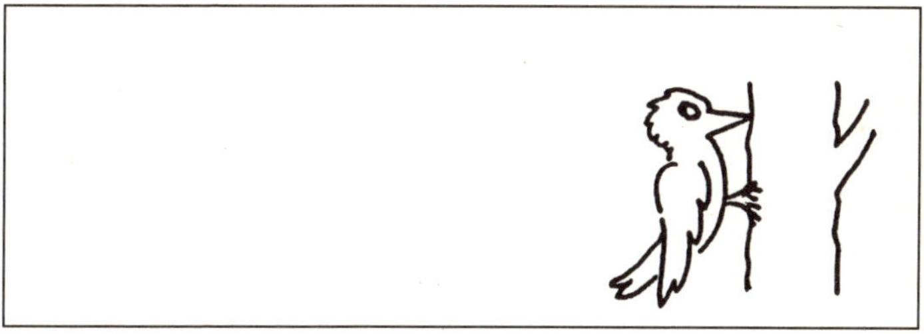

Wie das gemacht wird? Wir brauchen zwei schmale, längliche, normal starke Papierstreifen, die wir an der schmalen Kante übereinanderkleben. Auf den unteren Teil des Streifens malen wir unser Motiv (einen Hasen, einen Vogel). Der zweite Papierstreifen wird darübergelegt; darauf malen wir das gleiche Motiv noch einmal, aber mit einer kleinen Veränderung: Der Bildteil, der sich bewegen soll (die Hasenohren, der Vogelflügel), muß eine andere Position haben. Jetzt wird der obere Streifen bis zur geklebten Kante mit einem Stift festgerollt. Wenn das eingerollte Bild nun rasch hin- und herbewegt, also auf- und zugerollt wird, dann bewegt sich was: Der Vogel flattert, die Hasenohren werden gestellt und hängengelassen. Je schneller wir den Stift bewegen, um so schneller wird diese in Wirklichkeit ja nicht vorhandene Bewegung zu sehen sein.

Wenn ein Film gezeigt wird, entsteht durch das schnelle Zeigen von 24 leicht unterschiedlichen Bildern und durch die Unterbrechung dieser Bildabfolge in unserem Gehirn der Eindruck, daß sich das Gezeigte bewegt. Das Streifenkino läßt uns diesen sogenannten stroboskopischen Effekt erleben, der in Verbindung mit der Nachbildwirkung dafür sorgt, daß wir bei den optischen Spielzeugen und im Film Bewegung sehen und erleben.

Daumenkino

Eine wunderbare Sinnestäuschung können Kinder und Erwachsene mit dem wohl bekanntesten optischen Spielzeug erleben, dem Daumenkino, das manchmal auch als Abblätterbüchlein bezeichnet wird. Wie beim Streifenkino kommt die scheinbare Bewegung dadurch zustande, daß sie in Phasen zerlegt und einzeln gezeichnet wird. Allerdings hat ein gut funktionierendes Daumenkino 24 gezeichnete Phasen und kann dadurch auch einen längeren Bewegungsvorgang darstellen. Die 24 Blätter, auf denen jeweils das Motiv mit kleinen Unterschieden gezeichnet wurde, werden an der linken schmalen Kante mit Heftklammern zu einem kleinen Büchlein zusammengeheftet. Wenn man nun die Bilderfolge schnell mit dem Daumen abblättert, erlebt man, wie die gezeichneten Figuren oder Dinge plötzlich zu laufen beginnen.

Tips und Ratschläge:

Verwenden Sie bei der Daumenkino-Herstellung mindestens 100 Gramm starkes Papier. Drei DIN-A4-Seiten ergeben genau 24 Kärtchen. Zeichnen Sie das erste und das letzte Bild, und teilen Sie danach 22 Zwischenphasen ein. Sie sollten darauf achten, daß Ihre Zeichnungen kontrastreich sind und sich immer am rechten äußeren Rand befinden. Außerdem empfiehlt es sich, die Kärtchen zu vergrößern und durchzunumerieren.

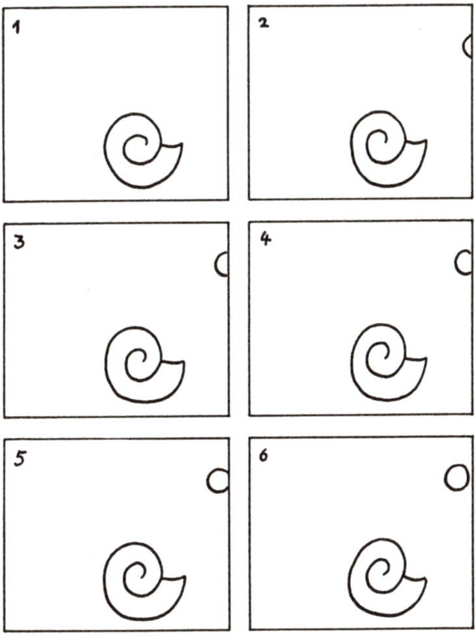

7
8
9
10
11
12
13
14
15
16

Zur methodischen Arbeit

Im Kindergartenalter verfügen die Kinder noch nicht über die Konzentrationsfähigkeit, um selbst ein Daumenkino herstellen zu können. Außer der Verwendung von kopierten Motiven können Sie auch die folgende Idee umsetzen: Stellen Sie eine Kopiervorlage her, auf der Sie einen Punkt von unten nach oben wandern lassen. Beim Daumenkinomachen ergänzen die Kinder diese Form, indem sie nach ihren eigenen Vorstellungen etwas dazu malen: Sonnenstrahlen, Blütenblätter, ein Gesicht, einen Hut … Sie werden erstaunt sein, was alles aus einem Punkt gestaltet werden kann. Bei diesem vereinfachten Typ von Daumenkino erreicht man auch schon mit 16 Phasen eine ziemlich fließende Bewegung.

Vom optischen Spielzeug zum Film

Wenn Sie und die Kinder nun die verschiedenen Kinos eröffnet haben, können Sie die Verknüpfung der optischen Spielzeuge mit dem Film herstellen.

Eine hilfreiche Überleitung hierzu ist es, einen Filmstreifen aus Pappe zu basteln. Dieser zeigt 24 Bildfelder und die Filmperforation. Das sind die kleinen viereckigen Löcher, die dafür sorgen, daß der Film auch Bild für Bild durch den Filmprojektor gezogen wird. Dann zerlegen Sie ein Daumenkino und leben die 24 Bilder, kopfstehend, wie der Film auch durch den Projektor läuft, auf den Papp-Filmstreifen auf. So haben Sie zusammen mit den Kindern ein Modell eines Filmstreifens geschaffen, den Sie mit einem echten Filmstreifen vergleichen können.

Fragen Sie in Ihrer Bildstelle nach, ob Sie einen ausrangierten oder defekten Film bekommen können. Meist ist eine alte Filmkopie vorhanden, die man Ihnen bestimmt gerne überlassen wird. Im Prinzip reicht 1 Meter Film pro Kind aus. Dann können die Kinder diesen „Filmbändel“, wie er einmal in einem meiner Projekte bezeichnet wurde, am Fenster gegen das Licht halten. Dabei entdecken sie sicherlich die kleinen Unterschiede in den Bildabfolgen und erkennen die Verbindung zum Papp-Streifen-Film, den sie aus dem Daumenkino hergestellt haben. Gerne nehmen die Kinder den richtigen Filmbändel auch mit nach Hause und zeigen ihn weiter. Und das macht Eindruck: Denn wer kann schon behaupten, daß er ein richtiges Stück Film besitzt?

Die Kinder haben nun erfahren, daß ein Film aus vielen Einzelbildern besteht, die sich überhaupt nicht bewegen und auch nur ganz kurz zu sehen sind. Unser Gehirn kann diese Einzelbilder nicht mehr unterscheiden, da 24 in jeder Sekunde gezeigt werden und deshalb zu einem Bewegungsablauf verwischen. Der Film hält diese Bilder auf Celluloid fest. Der Projektor wirft die Bilder mit Hilfe von Licht und optischen Linsen auf die Leinwand.

Kindgerecht selbst umzusetzen ist diese Erfahrung, indem eine Geschichte in unterschiedliche Bilder aufgeteilt, von den Kindern einzeln nachgezeichnet und dann zu einem „Papierfilm“ zusammengefügt wird. Den zieht man durch einen selbstgemachten Pappfernseher und spricht den Text oder macht die Musik und die Geräusche selbst. Ausführlich werden diese Techniken in Kapitel 3.2 beschrieben.

Zur methodischen Arbeit

Die Herstellung von optischen Spielsachen, verbunden mit der Überleitung zum Film, eignet sich auch als Nachbereitung einer Kinderfilmvorführung. Kinder äußern auch von sich aus Interesse an dem Medium Film, beispielsweise ausgehend von dem, was sie selbst gesehen haben, seien es Urlaubs-, Fernseh- oder Kinofilme. So entstehen Situationen, in denen durch dieses Projekt die Neugier, wie sich eigentlich die Tiere, Menschen und Dinge im Film bewegen, kreativ und verständlich zufriedengestellt werden kann. Ebenso läßt sich das Ganze in ein Projekt zum Thema Fernsehen einbauen oder als handlungsorientierte Beantwortung der Frage: „Wie funktioniert eigentlich ein Film?“ durchführen. Um diese ganz überzeugend zu vermitteln, eignet sich auch der Film: „Wie ein Zeichentrickfilm gemacht wird“. LBS 3203379, 16 Minuten, ab 5 Jahren, BRD 1979.

Er zeigt am Beispiel der „Sendung mit der Maus“ die Herstellung eines gezeichneten Trickfilms und schafft es spielend, Kindern und Erwachsenen die Verbindung von den Phasen des Daumenkinos zu den Phasen des Mausfilms zu veranschaulichen.

Tips und Praxisliteratur

- Vielerlei optische Spielzeuge aus dem letzten Jahrhundert werden heute in Filmmuseen und vereinzelt auch in Spielzeugmuseen ausgestellt. Im Deutschen Filmmuseum in Frankfurt kann man Apparaturen und Spielereien nicht nur anschauen, sondern manches selbst ausprobieren. Dort gibt es Papier-Bastelbögen zur Herstellung eines drehbaren Bilderkinos zu kaufen, das dann aber als Wundertrommel und in einer anderen Technik als Lebensrad bezeichnet wird.
- Ein herrliches, faszinierendes Buch, für Erwachsene ebenso wie für Kinder, berichtet mit vielen Abbildungen über die Entstehung des Kinos. Sein Titel: „Magische Schatten“, herausgegeben von Hilmar Hoffmann und Walter Schobert in der Schriftenreihe des Deutschen Filmmuseums Frankfurt am Main, Schaumainkai 41, 60596 Frankfurt, Tel. 061 / 2123369.
- Im Verlag arsEdition erscheinen die Buch-Aktiv-Boxen „Kino“ und „Optische Täuschungen“, die Kinder ab 8 Jahren zum Forschen, Spielen, Basteln und Experimentieren anregen.

5 Impulse zur Elternarbeit

5.1 „Wie sag' ich's meinen Eltern?" Grundsätzliches zur Elternarbeit

Auch für die Medienerziehung gilt, wie überhaupt in der Kommunikation mit Eltern: Ohne pädagogischen Zeigefinger ist das Klima für Austausch von Gedanken über Erziehungs- und Lebenssituationen zwischen Erwachsenen und Kindern besser.

Vorstellungen und Bewertungen von Aufgaben und Zielen der Erziehung haben wir alle, oft auch recht unterschiedliche. Trotzdem sollte man das Verbindende suchen und aufgreifen und nicht das Trennende. Für eine produktive Zusammenarbeit von Eltern, ErzieherInnen und Kindern ist das weit förderlicher.

Die offensichtlichste Verbindung unter Eltern ist die Tatsache, daß sie sich entschlossen haben, ihre Kinder, wenn auch sicherlich aus unterschiedlichen Gründen, dem Kindergarten und damit den ErzieherInnen anzuvertrauen.

Diese Kinder leben in einer medienvernetzten Welt und beziehen wie ihre Eltern und andere Erwachsene die Angebote der Medien in die Gestaltung ihres Lebensalltags mit ein. Da wir in einer Gesellschaft leben, die von materiellem Wohlstand und Konsum geprägt ist, müssen wir uns darüber Gedanken machen, was und wieviel Medienkonsum wir uns leisten wollen.

Um es ganz deutlich zu sagen: Wir müssen entscheiden und auswählen. Auch wenn zunehmend mehr Medien um unsere Gunst buhlen, hat ein Tag nach wie vor nur 24 Stunden. Die gilt es nun einzuteilen, und da ein Großteil dieser Zeit durch Arbeit und Schlaf bestimmt ist, steht uns nur die restliche Zeit zur freien Gestaltung zur Verfügung.

Und in dieser Freizeit findet die Nutzung der Medien statt. Insbesondere Kinder haben noch Zeitreserven, die sie frei einteilen können, und von denen sie einen Großteil zu Hause verbringen.

In die Haushalte ist eine Medienvielfalt eingezogen, die in zunehmendem Maß die Freizeitgestaltung beeinflußt. Kinder erlernen zu Hause durch ihre Eltern den Umgang mit Medien. An ihren Mediengewohnheiten orientieren sie sich, denn Eltern sind für Kinder Vorbilder. Man kann von einem Kind, dessen Eltern ihre Freizeit wahllos vor dem Bildschirm verbringen, nicht erwarten, daß es Programme auswählt oder gar das Gerät von sich aus abschaltet. Zur Orientierung im Mediendschungel ist es auf die Hilfe Erwachsener angewiesen.

Das Fernsehen ist das Leitmedium unter den audio-visuellen Medien, und folglich steht der Umgang damit im Mittelpunkt der Medienerziehungsdebatten. Das heißt aber nicht, daß Elternarbeit im Kindergarten nur auf diesen Medienbereich eingehen muß. Spielzeug, Bilderbücher, Hörspiel-Cassetten und Kinderfilme sind in der Medienwelt der Kinder genauso präsent und sollten nicht an den Rand gedrängt werden.

Man sollte sich klar werden, welche Ziele man sich setzen kann. Sicherlich wird ein einmaliger Elternabend zum Thema „Fernsehen in der Familie“ niemanden dazu bewegen, sein gesamtes Freizeit- und Medienverhalten, das sich über Jahre geprägt hat, vom nächsten Tag an komplett umzukrempeln. Sonst wäre die Welt recht einfach zu verändern.

Man sollte sich auch in der Elternarbeit Ziele setzen, die die Chance lassen, daß man zumindest in ihrer Nähe ankommen wird.

Einfache Rezepte für den Umgang mit Medien, die man den Eltern geben könnte, gibt es nicht, auch wenn man vielleicht oft selbst froh wäre, wenn sich für komplexe Themen einfache Lösungen finden ließen.

So bleibt es unsere Aufgabe, den Eltern Unterstützung und Hilfestellung für die Medienerziehung, die sie zu Hause leisten müssen, anzubieten.

In dieser Diskussion wird es immer wieder notwendig sein, den Umgang und das Verhalten Erwachsener in der Medien- und Konsumwelt zu reflektieren und miteinzubeziehen, denn wie gesagt: Kinder orientieren sich an uns.

Elternbriefe und andere schriftliche Informationen

Diese haben den Vorteil, daß die Inhalte auch die Eltern erreichen, die den Elternabend nicht besuchen möchten oder können. Außerdem stehen schriftliche Informationen länger zur Verfügung, sie können nachgelesen und weitergegeben werden.

Für bestimmte Themenbereiche ist die schriftliche Form ein sicherlich geeigneter Weg. Beispielsweise dann, wenn man Eltern beraten und darüber informieren möchte, welche Medien für Kinder im Kindergartenalter geeignet sind. Eine Liste mit Bilderbuchtiteln und Informationen über eine neue Fernsehserie für Kinder bieten letztendlich auch Hilfen für Eltern, in der Medienvielfalt eine Auswahl zu treffen. Mit Top-Listen, die in Kurzform alle notwendigen Angaben zu zehn Titeln geben, können sie dauerhaft zu allen Medienbereichen der Kinderkultur beraten: Auf diese Weise können Spielzeug, Brettspiele, Bilderbücher und Hör-Cassetten vorgestellt und die Informationen hierzu vergrößert am Schwarzen Brett ausgehängt werden.

Die Elternbriefe werden um so eher gelesen, wenn sie im Zusammenhang mit Projekten im Kindergarten stehen. Greift man mit den Kindern das Thema „Hören“ auf und arbeitet im Kindergarten mit Cassettenrecorder, dann findet ein inhaltlicher Elternbrief zum Thema Kinder-Hörspiel-Cassetten sicherlich eine größere Resonanz, als wenn er ohne Bezug an die Eltern verteilt wird. Das Thema sollte dabei auf höchstens zwei Seiten behandelt werden, was der Lesebereitschaft angesichts der heutigen Papierflut sicher förderlich ist. Illustrationen lockern Texte auf und verhindern eine Bleiwüste, Kinderzeichnungen binden das elterliche Interesse. Zur Vervielfältigung sollte man nach Möglichkeit an den Kindergartenträger herantreten; einerseits ist das Öffentlichkeitsarbeit, weil man Einsicht in die Aktivitäten des Kindergartens gibt, andererseits hilft es, das Unterfangen preisgünstig oder gar kostenfrei zu gestalten.

Den Elternbrief können Sie aber auch im Hinblick auf einen medienbezogenen Elternabend vorbereiten.

Wenn es bei Ihnen eine Kindergartenzeitung gibt, kann eine Ausgabe schwerpunktmäßig als Thema Medienerziehung behandeln. Das hat den Vorteil, daß man in mehreren kurzen Beiträgen das Thema interessant und vielseitig ausleuchten kann.

Eine Möglichkeit, diese Informations- und Bildungsarbeit insgesamt aufzuwerten, bietet folgender Vorschlag:

Beim Eintritt eines Kindes in den Kindergarten erhalten die Eltern eine Sammelmappe mit verschiedenen Abteilungen: Spiele, Lieder, Bastelideen, Top-Listen, Elternbriefe, Kinderzeichnungen, Allgemeines. So können Sie darauf hinweisen, daß vom Kindergartenteam regelmäßige Informationen zu erwarten sind, die man in diese Mappe einordnet. Das kann dann unterschiedlich intensiv erfolgen, etwa so:

- Wöchentlich erhalten die Kinder das Spiel zum Wochenende oder eine Bastelidee, einen Liedtext, eine Geschichte.
- Monatlich erhalten die Eltern eine Kinderzeichnung vom eigenen Kind.

- Viermal jährlich gibt es einen Elternbrief oder einen Fachaufsatz zu einem Erziehungsthema.
- Einmal jährlich gibt es die Top-Listen zu Kindermedien.

In der Praxis hat es sich gezeigt, daß sich der Aufwand für den „Kindergarten-Eltern-Ordner" lohnt und so für viele Kinder und Eltern auch ein interessantes Dokument über die Kindergartenzeit entstanden ist.

Sicherlich kostet es Zeit, so einen Vorschlag umzusetzen, aber es macht auch Spaß! Außerdem können Sie Informationen aus Fortbildungen und Arbeitsgemeinschaften verwerten, und engagierte Eltern oder der Elternbeirat können selbstverständlich einbezogen werden.

Interessant wird es für viele Eltern, wenn schriftliche Informationen in einer etwas originelleren Form verpackt sind, beispielsweise als Testfragebogen, zu dem die Kinder zwei Tage später das Ergebnis nach Hause bringen.

Das Thema Fernsehen in der Familie kann etwa so aufgegriffen werden:

Ist die Maus aus der „Sendung mit der Maus" 10 Jahre, 28 Jahre oder 35 Jahre alt? Antwort: Die Maus wurde 1971 geboren! Daran schließt sich ein kurzer Informationstext zu kindgemäß produzierten Sendungen an.

Die nächste Frage: Seit wann gibt es in der BRD ein regelmäßiges Fernsehprogramm? Seit 1959, 1952 oder 1954? Die Auflösung finden Sie im Kapitel 3.4. Man muß es einfach wagen, auf unkonventionelle Art zu informieren.

Gibt es einen Grund, daß ein Kindergartenteam keine Cassette zum Thema Hörspiele für Kinder produziert und diese verbreitet? Überlegen Sie, wo Ihre Kreativität in diesem Bereich liegen kann.

Was Elternarbeit mit Kinderkulturarbeit zu tun hat

Der Eingangsbereich und der Flur sind weitere wichtige Informationszentren. Dort sollte in jedem Kindergarten ein Schwarzes Brett hängen, an dem Eltern Interessantes, auch zur Medienerziehung, finden können, Plakate und Programmvorschauen zum Kinderprogramm etwa, die jeder Kindergarten vom ZDF kostenlos erhalten kann.

Außerdem sollte man darauf achten, daß man Inhalte der Kindergartenarbeit und Elternarbeit anschaulich vermittelt. Dazu eignen sich Schaukästen im Flur besonders gut, weil man darin gesammelte, selbergemachte und ausgeliehene Gegenstände und Objekte zum Thema zeigen kann. Man muß nicht gleich Museumsvitrinen kaufen – ein Hobbywerker, der Schreiner im Ort oder vom Bauhof der Gemeinde wird gerne behilflich sein. Außerdem kann man klein anfangen und zusammen mit den Kindern aus stabilen Schachteln und Kartons eine Ausstellungslandschaft für den Flur oder Gruppenbereich entwerfen.

Es ist recht einfach, im Kindergarten Ausstellungen zu machen, die Kinder und Erwachsene gleichermaßen interessieren.

Hier sind einige Themenvorschläge für solche Projekte: Wie Kinder aus aller Welt leben und spielen; Märchen aus aller Welt; Fernsehen früher und heute; wie der Film funktioniert; was Oma und Opa gespielt haben; Frederick, die Maus – im Buch, im Film, in der Ton-Bild-Schau und auf Cassette; Spielen, Lesen, Fernsehen; wir erfahren unsere Sinne; Frieden fängt klein an; Freizeit; Medien und Familie; schöne alte Spiele.

In solche Themen für kindorientierte Medien-, Eltern- und Kulturarbeit im Kindergarten lassen sich ohne Probleme Kooperationspartner einbeziehen: Volkshochschulen, Bildungswerke, Schulen, Jugend- und Kulturämter oder Bibliotheken. Dabei werden Sie staunen, wie rasch Sie bei der Bearbeitung solcher Projekte immer wieder bei Medienthemen angelangt

sind und Elternarbeit, Medienerziehung und Familienbildung in neuen Formen erproben. Außerdem entwickeln sich durch solche Arbeitsformen, die allerdings auch engagierten Einsatz verlangen, viel eher dauerhafte und langfristige Möglichkeiten, mit Eltern Medienerziehung zu thematisieren.
Ein Tip: Versuchen Sie doch, zusammen mit Eltern eine Ton-Dia-Schau für die Öffentlichkeitsarbeit des Kindergartens zu erstellen. Einsatzmöglichkeiten für ein solches Produkt gibt es oft.

5.2 Der Elternabend

In vielen Kindergärten ist der Elternabend die klassische Methode der Zusammenarbeit mit Eltern. Ein Elternabend zum Thema Medienerziehung sollte nicht unbedingt aus aktuellem Anlaß erfolgen, vielmehr sollte er selbstverständlich in eine Reihe thematischer Elternabende – „Wie und was Kinder spielen, lesen, hören, schauen" – eingegliedert sein. Dabei geht es um Spiele und Spielzeug, Bilderbücher und Elternbücher, Hör-Spiele kaufen und selbermachen, Filme für Kinder und Eltern.

Vorher gilt es natürlich, die Interessen der Eltern abzuklären, denn die konkreten Inhalte eines Abends sollten sich an ihren Wünschen, Problemen und Erfahrungen orientieren. Dabei wird sich herausstellen, wie Sie sich inhaltlich auf diesen Elternabend vorbereiten müssen.

Zielsetzungen für Elternabende zur Medienerziehung sollten sein:

- den Umgang mit Medien und Freizeit in der Familie zu reflektieren und Bewußtsein für die damit zusammenhängenden Probleme zu wecken;
- Wahrnehmungs- und Aufnahmefähigkeit der Kinder in bezug auf Medien aufzuzeigen;
- Kindermedien kennenlernen, Hilfen zur Auswahl anzubieten.

Viele handlungsorientierte Vorschläge zur Umsetzung dieser Ziele finden Sie in den vorangegangenen Kapiteln. Stellen Sie den Eltern Rudi aus „Siebenstein“ vor, indem Sie im Plenum zusammen eine Aufzeichnung der Sendung anschauen und das Konzept erläutern. Für die Kleingruppen können Sie Spiel- und andere Nachbereitungsangebote einsetzen, die sich die Eltern im Plenum gegenseitig vorstellen.

Ein solcher Abend vermittelt gleichzeitig Kriterien für Kinderfilme und sorgt für genügend Diskussionsstoff für den Umgang mit dem Fernsehen in der Familie. Dabei findet die Auseinandersetzung in einem angenehmeren und produktiveren Rahmen statt, als wenn sie nur mit Hilfe von Trockenübungen, sprich: Referaten, in Gang gesetzt würde. Außerdem erreicht man durch diese Gestaltung des Elternabends bestimmt ein wichtiges Ziel: daß Eltern gemeinsam mit ihren Kindern fernsehen.

Beim Elternabend zum Thema Kinder-Hör-Cassetten können Sie die Eltern mit Ausschnitten aus Hör-Cassetten und über gute und anspruchsvoll produzierte Titel informieren. Durch eine Tonaufnahme können die Kinder ihre eigenen Eltern beim Elternabend begrüßen. Ein Ausschnitt aus dem Videofilm: „Der lautlose Schuß oder: Wie der Ton zum Bild kommt“ zeigt die Arbeit des Geräuschemachers Mel Kutbay (LBS-Leihnummer: 4200525). Das findet oft großes Interesse bei den Eltern und motiviert sie zur aktiven Arbeit mit dem Cassettenrecorder. Bevor Sie Kriterien zur Auswahl von Hör-Cassetten vorstellen und die Frage der Bezugsquellen aufgreifen, können Sie den Eltern durchaus in Kleingruppen die Möglichkeit geben, selbst zu erleben, daß Medien nicht nur als Einwegkonserve, sondern als aktives Mittel zu Kommunikation und Spiel genutzt werden können.

Tips und Praxisliteratur

- Zur Vorbereitung eines Elternabends können Sie kostenfrei auf die Broschüre „Familie und neue Medien" zurückgreifen. In der Ausgabe für Erzieherinnen und Erzieher finden Sie hierzu methodische Hilfen und die Themenbeispiele „Familie und Video", „Familie und Freizeit" und „Auswahlkriterien für Kinderfilme".
- Die Ausgabe „Familie und neue Medien" können Sie an die Eltern weitergeben; die für Ihre Gruppe oder den Kindergarten erforderliche Stückzahl können Sie kostenlos bei der Bundeszentrale für politische Bildung bestellen (Adresse siehe Anhang).

6 Anhang

6.1 Literatur

Aufenanger, Stefan (Hrsg.): Neue Medien – Neue Pädagogik? Ein Lese- und Arbeitsbuch zur Medienerziehung in Kindergarten und Grundschule. Neuauflage Bonn 1999.

Baacke, Dieter/Lauffer, Jürgen: Familien im Mediennetz. Opladen 1988.

Bachmair, Ben: Symbolische Verarbeitung von Fernseherlebnissen in assoziativen Freiräumen. Kassel 1984.

Barthelmes, Jürgen/Feil, Christine/Furtner-Kallmünzer, Maria: Medienerfahrungen von Kindern im Kindergarten. Spiele, Gespräche, Soziale Beziehungen. München 1991.

Barthelmes, Jürgen: Fernsehen und Computern in der Familie. Für einen kreativen Umgang mit Medien. München 1999.

Bausch, Hans u. a. (Hrsg.): Kinderfernsehen – Fernsehkinder. Mainz 1991.

Deutsches Jugendinstitut (Hrsg.): Medien im Alltag von Kindern und Jugendlichen. Methoden, Konzepte, Projekte. München 1988.

Deutsches Jugendinstitut (Hrsg.): Medienerziehung bei Vorschulkindern. Beiträge aus Finnland, den Niederlanden, Österreich, der Schweiz und der Bundesrepublik Deutschland. München 1991.

Deutsches Jugendinstitut (Hrsg): Handbuch für Medienerziehung im Kindergarten. Teil 1: Pädagogische Grundlagen. Opladen 1994.

Deutsches Jugendinstitut (Hrsg.): Handbuch für Medienerziehung im Kindergarten. Teil 2: Praktische Handreichungen. Opladen 1995.

Hengst, Heinz: Auf Kassetten gezogen und in Scheiben gepreßt. Tonkonserven und ihre Funktion im Medienalltag von Kindern. Frankfurt 1979.

Hoffman, Hilmar/Schobert, Walter: Magische Schatten. Schriftenreihe des Deutschen Filmmuseums Frankfurt am Main. Frankfurt 1988.

Kübler, Hans-Dieter/Swoboda, Wolfgang H.: Wenn die Kleinen fernsehen. Die Bedeutung des Fernsehens in der Lebenswelt von Vorschulkindern. Berlin 1998.

Landesanstalt für Rundfunk Nordrhein-Westfalen (Hrsg.): Medienerziehung im Kindergarten. Neue Herausforderungen durch private Programme? Düsseldorf 1990.

Lukasz-Aden, Gudrun/Strobel, Christel: Der Kinderfilm von A bis Z. München 1988.

Mühlen-Achs, Gitta/Schorb, Bernd: Geschlecht und Medien. München 1995.

Näger, Sylvia: Medienpädagogik zum Anfassen I. Bausteine Grundschule und Kindergarten. Aachen 1996.

Papert, Seymour: Die vernetzte Familie. Stuttgart 1998.

Paus-Haase, Ingrid: Neue Helden für die Kleinen. Das (un)heimliche Kinderprogramm des Fernsehens. Münster 1991.

Paus-Haase, Ingrid: Heldenbilder im Fernsehen. Eine Untersuchung zur Symbolik von Serienfavoriten. Opladen/Wiesbaden 1998.

Pöttinger, Ida: Lernziel Medienkompetenz. Theoretische Grundlagen und praktische Evaluation anhand eines Hörspielprojekts. München 1997.

Schill, Wolfgang/Baacke, Dieter (Hrsg.): Kinder und Radio. Zur medienpädagogischen Theorie und Praxis der auditiven Medien. Frankfurt 1996.

Schmidt, Hans-Gerd: Kinder reproduzieren ihre Lebenswelt. Opladen 1988.

Six, Ulrike/Frey, Christoph/Gimmler, Roland: Medienerziehung im Kindergarten. Theoretische Grundlagen und empirische Befunde. Opladen 1998.

Südwestfunk Baden-Baden und Landesanstalt für Kommunikation Baden-Württemberg: Medienpädagogik 1998/99. Text- und Materialiensammlung mit Internetsoftware. CD-ROM.

Theunert, Helga/Schorb, Bernd (Hrsg.): Begleiter der Kindheit. Zeichentrick und die Rezeption durch Kinder. München 1996.

Treumann, Klaus-Peter/Schnatmeyer, Dorothee/Volkmer, Ingrid: Mit den Ohren sehen. Die Toncassette – ein verkanntes Medium. Bielefeld 1995.

Rogge, Jan-Uwe: Kinder können fernsehen. Vom sinnvollen Umgang mit dem Medium. Reinbek 1994.

Webb, Colin/Rowe, Wynne: Kinder entdecken den Computer. Beust Verlag, München 1996.

von Gottberg, Joachim/Mikos, Lothar/Wiedemann, Dieter (Hrsg.): Kinder an die Fernbedienung. Konzepte und Kontroversen zum Kinderfilm und Kinderfernsehen. Berlin 1997.

6.2 Praxishilfen und Anschriften

Medienerziehung und Elternarbeit

- Bundeszentrale für politische Bildung: Referat Medienpädagogik und Neue Medien
  Postfach 2325
  53013 Bonn
  Bei der Bundeszentrale können Interessierte kostenlos folgende Materialien anfordern:
  – Porto zahlt Empfänger –

  Materialsatz A: Neue Medien und Familie
  Broschüre für Erzieherinnen/Erzieher
  Broschüre für Eltern
  Poster

  Materialsatz B: Nur Broschüre für Eltern
  Poster
  (in größeren Stückzahlen für Elternarbeit anzufordern)

  Materialsatz C: Neue Medien – Freunde unserer Kinder?
  Broschüre für Erzieherinnen/Erzieher
  Broschüre für Eltern

  Materialsatz D: Nur Broschüre für Eltern,
  Poster
  (in größeren Stückzahlen für Elternarbeit anzufordern)

  Augenblick mal …: Ein Faltblatt mit medienpädagogischen Informationen für Eltern.

  Handbuch Medien: Medienforschung. Konzepte, Themen, Ergebnisse. Herausgeber: Horst Dichanz. Bonn 1998.

  Handbuch Medien: Computerspiele. Theorie, Forschung, Praxis. Herausgeber: Jürgen Fritz und Wolfgang Fehr. Bonn 1997.

  Computerspiele auf dem Prüfstand:
  Informationsdienst, erscheint 2x jährlich.

  „Search & play Plus“:
  Interaktive Datenbank für Computerspiele. Beurteilung von Spielen plus Aufsätze, Projekte, Spiele, Internet-Site. CD-ROM-Update I/99.

- Der Medienpädagogische Forschungsverbund Südwest gibt das Infoset „Medienkompetenz und Medienpädagogik in einer sich wandelnden Welt“ heraus. In den Ratgeber-Broschüren zu den Themen Lesen, Hören, Werbung, Medien und Wirklichkeit, Gewalt und Fernsehen werden jeweils zehn Fragen gestellt und prägnant und kurzgefaßt beantwortet. Zu beziehen beim: Südwestrundfunk Medienforschung, Hans-Bredow-Straße, 76530 Baden-Baden.
- Die vom SWR produzierte zehnteilige Reihe zur Medienerziehung „Krabbeln, Laufen – Internet“ präsentiert in informativer Form den heutigen Stand der Medienpädagogik und Entwicklungspsychologie, wobei kompetente Fachleute zu Wort kommen.
  Für alle Interessierten können als Auskoppelungen aus der Sendereihe bei der Landesbildstelle Württemberg VHS-Cassetten mit ausführlichem Begleitmaterial bezogen werden.
  Insgesamt sind es drei Cassetten zu den Themenbereichen:
  - Medienerziehung im Kindergartenalter
  - Medienerziehung im Grundschulalter
  - Medienerziehung im Jugendalter

  „Medienerziehung im Kindergartenalter“ behandelt die Themenbereiche Kinderspiel, Spielzeug, Spiel und Aggression, Kulturtechnik Fernsehen, Verarbeitung von Medienerlebnissen, Lesen und Vorlesen, Hörcassetten, Musikerziehung, Drei Kindergärten – drei Medienkonzepte.

  Geeignet ist die Cassette für die Aus- und Fortbildung von Erzieherinnen und zur Verwendung bei Elternabenden.

  Die Cassetten sind in Bildstellen auszuleihen.
- Fortbildungen und Seminare zu Themen der Medienerziehung in Kindertageseinrichtungen bietet an:
  Pädagogisches Büro, Sylvia Näger
  Jean-Monnet-Straße 27
  79111 Freiburg
  Tel. 0761–4766170.

Foto und Dia

Argus – Verein für soziale Medienarbeit e.V.
Belfortstraße 55
79098 Freiburg
Tel. 0761/39670
Bei Argus erhalten Sie gerätetechnische und fototechnische Beratung.

Foto-Zubehörversand:
Brenner Foto Versand
Mooslohstraße 60
92637 Weiden
Tel. 0961 / 6706 – 0
Unter der Anschrift können Sie den Katalog „Brenner Foto Zeitung“ für Bestellungen von Filmen, Fotochemie, Fotopapier, Laborzubehör usw. anfordern.

Dia-Serien
Viele Bilderbuchtitel – siehe Seite 55 – können Sie als Dia-Serien bei den Stadt-, Kreis- und Landesbildstellen und bei den Evangelischen und Katholischen Medienzentralen ausleihen. Die Bildstellen sind unterschiedlich sortiert. Anschriften finden Sie im Verleih-Verzeichnis.

Hör-Cassetten

Einkaufszentrale für Bibliotheken (ekz)
AV-Medien
Postfach 1542
72764 Reutlingen
Tel. 07121 / 144–136

Bei der ekz können Sie die „Angebotsliste Tonträger“ anfordern. Wenn Sie mehr als 5 Hör-Cassetten anschaffen möchten, können Sie diese dort bestellen.

Einen Ratgeber mit Tips zu 50 empfehlenswerten Hör-Cassetten für Kinder und die ganze Familie, mit vielen Anregungen zum Spielen mit Tönen und Geräuschen, samt einem Text zur Produktion eines Hörspiels können Sie anfordern bei Argus – Verein für Soziale Medienarbeit e.V.
Anschrift: Belfortstraße 55, 79098 Freiburg.

Anschriften für Verlagsinformationen zu Hör-Cassetten:

Aktive Musik Verlagsgesellschaft
Igel records
Bertastraße 9
44388 Dortmund
Tel. 0231 / 636262

Baumhaus-Verlag
Juliusstr. 12
60487 Frankfurt
Tel. 069 / 970734–0

PolyGram-Gruppe:
Deutsche Grammophon GmbH
Deutsche Grammophon junior
Deutsche Grammophon für Kinder
Glockengießerwall 3
20095 Hamburg
Tel. 040 / 3087–01

Der Hör-Verlag GmbH
Sternstr. 21
80538 München
Tel. 089 / 210694–0

Impulse-Musik-Verlag
Natorp 2
48317 Drensteinfurt
Tel. 02508 / 673

Jumbo – Neue Medien & Verlag GmbH
Bismarckstr. 99
20253 Hamburg
Tel. 040 / 4202299

Menschenkinder-Musikverlag
Am Hagen 5
48165 Münster-Hiltrup
Tel. 02501 / 3340

Musikbär Verlag
Paul G. Walter
Eichenweg 15
69198 Schriesheim
Tel. 06203 / 63775

Patmos-Verlag GmbH
Am Wehrhahn 100
40211 Düsseldorf
Tel. 0211 / 16795–0

Sternschnuppe Verlag
Ritterland 1
85570 Ottenhofen
Tel. 08121 / 1604

Uccello Verlag GmbH
Detmolder Str. 233
33175 Bad Lippspringe
Tel. 05252 / 940405

Computer und Multimedia

Projekte und Fortbildungen zum Bereich „Kinder und Computer, Multimedia im Kindergarten" führen durch:

SIN – Studio im Netz
Rupprechtstraße 25–27
80636 München
Tel. 089 / 121644–08

Pädagogisches Büro, Sylvia Näger
Jean-Monnet-Straße 27
79111 Freiburg
Tel. 0761 / 4766170

Anschriften für Verlagsinformationen zu CD-ROMs

Terzio Verlag
Schornstraße 10
81669 München
Tel. 089 / 4808850

Tivola Verlag
Bouchéstraße 12
12435 Berlin
Tel. 030 / 536358–0

Infogrames
Robert-Bosch-Straße 18
63303 Dreieich-Sprendlingen
Tel. 06103 / 334100

Fernsehen und Rundfunk

- Das ZDF versendet zu bestimmten Sendungen im Kinderfernsehprogramm Plakate und Programmvorschauen. Diese fordert man bei der Abteilung Presse und Öffentlichkeitsarbeit an und läßt die Anschrift in den ZDF-Verteiler aufnehmen. Sie erhalten dann die jeweils aktuellen Informationen zugesandt.
- Das ZDF-Monatsjournal gibt Programmauskünfte und ist für Institutionen kostenfrei zu beziehen.
- Teilweise bieten auch ARD-Anstalten Journale und Magazine mit Programminformationen an.
- Informationen zum Fernsehprogramm für Kinder gibt die Broschüre „Flimmo". Sie erscheint 2 x jährlich und ist für Institutionen und Kindertageseinrichtungen kostenfrei zu beziehen bei:
  Programmberatung für Eltern e.V.
  Postfach 801344
  81737 München
  Tel. 089 / 63808–280
  Flimmo online: http://www. flimmo.de

Anschriften der deutschen Rundfunk- und Fernsehanstalten

ARD – Arbeitsgemeinschaft der öffentlich-rechtlichen Rundfunkanstalten der Bundesrepublik Deutschland
Programmdirektion Deutsches Fernsehen
Abtl. Presse und Information
Arnulfstr. 42
80335 München
Tel. 089 / 5900–01

BR – Bayerischer Rundfunk
Rundfunkplatz 1
80300 München
Tel. 089 / 5900–01
Fax 089 / 59002375

HR – Hessischer Rundfunk
Bertramstr. 8
60320 Frankfurt am Main
Tel. 069 / 1551
Fax 069 / 1552900

NDR – Norddeutscher Rundfunk
Rothenbaumchaussee 132–134
20149 Hamburg
Tel. 040 / 4156–0
Fax 040 / 447602

RB – Radio Bremen
Bürgermeister-Spitta-Allee 45
28329 Bremen
Tel. 0421 / 246–0
Fax 0421 / 2461010

SR – Saarländischer Rundfunk
Funkhaus Halberg
66100 Saarbrücken
Tel. 0681 / 6020
Fax 0681 / 6023874

SFB – Sender Freies Berlin
Masurenallee 8–14
14057 Berlin
Tel. 030 / 3031–0
Fax 030 / 3015062

SWR – Südwestrundfunk
Neckarstraße 230
70190 Stuttgart
Tel. 0711 / 9290
Fax 0711 / 9292600

WDR – Westdeutscher Rundfunk
Appellhofplatz 1
50667 Köln
Tel. 0221 / 2200
Fax 0221 / 2204800

DW – Deutsche Welle
Raderberggürtel 50
50968 Köln
Tel. 0221 / 3890
Fax 0221 / 3893000

Deutschland Radio
Raderberggürtel 40
50968 Köln
Tel. 0221 / 345 – 0
Fax 0221 / 380766

MDR – Mitteldeutscher Rundfunk
Springerstraße 22–24
Kantstraße 71–73
04275 Leipzig
Tel. 0341 / 3000
Fax 0341 / 3005544

ORB – Ostdeutscher Rundfunk Brandenburg
August-Bebel-Straße 26–53
14428 Potsdam-Babelsberg
Tel. 0331 / 7310
Fax 0331 / 7313571

ZDF – Zweites Deutsches Fernsehen
Postfach 4040
55100 Mainz
Tel. 06131 / 701

Der Kinderkanal ARD/ZDF
Richard-Breslau-Straße 11a
99094 Erfurt
Tel. 0361 / 2181890
Fax 0361 / 2181848

Anschriften von privaten Fernsehsendern

Pro 7 Television GmbH
Bahnhofstraße 27a
85767 Unterföhring
Tel. 089 / 95071233
Fax 089 / 95071899

RTL Deutschland GmbH & Co. KG
Aachenerstraße 1036
50858 Köln
Tel. 0221 / 4562420
Fax 0221 / 4562492

RTL2 GmbH & Co. KG
Bavariafilmplatz 7
82031 Grünwald
Tel. 089 / 64185904
Fax 089 / 64185919

Super RTL
Richard-Byrd-Straße 6
50829 Köln
Tel. 0221 / 9155122
Fax 0221 / 9155119

6.3 Verleih-Verzeichnis

Landesbildstellen (LBS)

Landesbildstelle Baden Zentrum für audiovisuelle Medien
Rastatter Straße 25
76199 Karlsruhe
Tel. 0721 / 8808 – 0
Fax 0721 / 8808 – 69

Staatliche Landesbildstelle Nordbayern / Medienzentrum
Carl-Burger-Straße 26
95445 Bayreuth
Tel. 0921 / 7463 – 0
Fax 0921 / 7463 – 135

Staatliche Landesbildstelle Südbayern
Am Stadtpark 20
81243 München
Tel. 089 / 1265 – 2500
Fax 089 / 1265 – 2505

Zentrum für audiovisuelle Medien Landesbildstelle Berlin
Wikinger Ufer 7
10555 Berlin
Tel. 030 / 39092 – 1
Fax 030 / 39092–349

Landesbildstelle Bremen
Uhlandstr. 53
28211 Bremen
Tel. 0421 / 361–3110
Fax 0421 / 361–3115

Landesmedienzentrum Hamburg
Kieler Straße 171
22525 Hamburg
Tel. 040 / 5499 – 287
Fax 040 / 5499 – 505

Zentralstelle Medien, Daten und Informationen (ZMDI) im Hessischen Landesinstitut für Pädagogik (HeLP)
Gutleutstr. 814
60329 Frankfurt/Main
Tel. 069 / 2568 – 0
Fax 069 / 2568 –237

Niedersächsisches Landesinstitut für Fortbildung und Weiterbildung im Schulwesen und Medienpädagogik (NLI)
Richthofenstr. 29
31137 Hildesheim
Tel. 05121 / 708 –344
Fax 05121 / 708 –359

Medienzentrum Rheinland Landes- u. Stadtbildstelle
Bertha-von-Suttner-Platz 3
40227 Düsseldorf
Tel. 0211 / 899 – 8105
Fax 0211 / 8929264

Landesmedienzentrum Rheinland-Pfalz
Hofstraße 257
56077 Koblenz-Ehrenbreitstein
Tel. 0261 / 9702–0
Fax 0261 / 9702–105

Landesinstitut für Pädagogik und Medien (LPM):
Landesbildstelle
Beethovenstr. 26
66125 Saarbrücken
Tel. 06897 / 7908 – 20
Fax 06897 / 7908 – 22

Landesinstitut Schleswig-Holstein
für Praxis und Theorie der Schule
Landesbildstelle
Schreberweg 5
24119 Kronshagen
Tel. 0431 / 5403–176
Fax 0431 / 5403–177

Landesbildstelle Westfalen
Warendorfer Straße 24
48145 Münster
Tel. 0251 / 591–3901
Fax 0251 / 591–3982

Landesbildstelle Württemberg
Rotenbergstr. 111
70190 Stuttgart
Tel. 0711 / 2850–6
Fax 0711 / 2850–780

MedienPädagogischesZentrum
(MPZ) Land Brandenburg
Landesbildstelle
Yorckstr. 2
14467 Potsdam
Tel. 0331 / 28998–43
Fax 0331 / 28998–32

Landesinstitut Mecklenburg-Vorpommern für Schule und Ausbildung (L.I.S.A.)
Medienzentrum
Möllner Str. 12
18109 Rostock
Tel. 0381 / 49840–45
Fax 0381 / 49840–51

Sächsisches Staatsinstitut für
Bildung und Schulentwicklung
Comenius Institut
Landesmedienzentrum
Dresdner Str. 78 c
01445 Radebeul
Tel. 0351 / 8324–30
Fax 0351 / 8324–414
(kein öffentlicher Verleih)

Landesinstitut für Lehrerfortbildung, -weiterbildung und Unterrichtsforschung von Sachsen-Anhalt / Landesstelle für
Medienangelegenheiten
Riebeckplatz 9
06110 Halle/Saale
Tel. 0345 / 2042–203
Fax 0345 / 2042–206

Thüringer Institut für Lehrerfortbildung, Lehrplanentwicklung und
Medien (ThILLM)
Heinrich-Heine-Allee 2–4
99438 Bad Berka
Tel. 0364 / 5856–0
Fax 0364 / 5856–300
(kein öffentlicher Verleih)

Katholische Medienzentralen (KMZ)

Katechetisches Institut des Bistums
Aachen – Medienreferat –
Eupener Straße 138
52066 Aachen
Tel. 0241 / 600004–31

AV-Medienzentrale der Diözese
Augsburg
Kappelberg 1
86150 Augsburg
Tel. 0821 / 3152–205

AV-Medienzentrale Erzdiözese
Bamberg
Jakobsplatz 8
96049 Bamberg
Tel. 0951 / 502–700

AV-Medienzentrale des Erzbistums
Berlin
Westendallee 54
14052 Berlin
Tel. 030 / 300001–15

AV-Medienzentrale der Diözese
Eichstätt
Luitpoldstraße 2
85072 Eichstätt
Tel. 08421 / 50–666

Diözesanstelle Film – Funk –
Fernsehen – Presse der Diözese
Essen
Burgplatz 3
45127 Essen
Tel. 0201 / 2204–267

Bild- und Filmstelle der Erzdiözese
Freiburg
Okenstraße 15
79108 Freiburg i.Br.
Tel. 0761 / 5144–252

Bischöfl. Generalvikariat
– Medienstellen –
Paulustor 5
36037 Fulda
Tel. 0661 / 87–0, –284, –297

Bild- und Medienstelle der Diözese
Hildesheim
Domhof 18–21
31134 Hildesheim
Tel. 05121 / 307–329

AV-Medienzentrale des Erzbistums
Köln
Kardinal-Frings-Straße 1–3
50668 Köln
Tel. 0221 / 1642–3333

Bischöfl. Ordinariat
– Referat Medienarbeit –
Roßmarkt 4
65549 Limburg
Tel. 06431 / 295378

AV-Medienzentrale Mainz
Gemeinsamer Dienst der Diözesen
Fulda, Limburg, Mainz, Speyer,
Trier
Petersstr. 3
55116 Mainz
Tel. 06131 / 28788–0

AV-Medienzentrale der Erzdiözese
München-Freising
Nußbaumstraße 30
80336 München
Tel. 089 / 532685

Bischöfliches Generalvikariat
– Mediothek –
Breul 27
Postfach 1366
48135 Münster
Tel. 0251 / 495–6166

Bischöfl. Generalvikariat
– Diözesanmedienstelle –
Große Domfreiheit 5
49074 Osnabrück
Tel. 0541 / 318–208

Medienzentrum für das Erzbistum
Paderborn
Am Stadelhof 10
33098 Paderborn
Tel. 05251 / 26418

Medienzentrale der Diözese Passau
Gr. Messergasse 1/I
94032 Passau
Tel. 0851 / 393–317, –362

AV-Medienzentrale der Diözese Regensburg
Obermünsterplatz 7
93047 Regensburg
Tel. 0941 / 5972–251

Fachstelle für Medienarbeit
Diözese Rottenburg-Stuttgart
Sonnenbergstr. 15
70184 Stuttgart
Tel. 0711 / 1646–400

AV-Medienzentrale der Diözese Würzburg
Kardinal-Döpfner-Platz 5
97070 Würzburg
Tel. 0931 / 368–267

Bistum Erfurt Diözesan-Medienstelle
Regierungsstr. 45
99084 Erfurt
Tel. 0361 / 6572365

Bistum Dresden-Meißen
Bischöfliches Ordinariat
Medienverleih
Käthe-Kollwitz-Ufer 84
01309 Dresden
Tel. u. Fax: 0351 / 4953135

Medienladen Saar
Bistum Trier/Abt. Medien
Halbergstr. 3
66121 Saarbrücken
Tel. 0681 / 63393

Evangelische Medienzentralen (EMZ)

Evangelische Medienzentrale in Bayern
Hummelsteiner Weg 100
Postfach 450163
90212 Nürnberg
Tel. 0911 / 4304–215/216

Evangelische Medienzentrale Berlin-Brandenburg
Goethestraße 26–30
10625 Berlin
Tel. 030 / 3191–292

Amt für Medienarbeit
Medienzentrale der Ev.-luth. Landeskirche in Braunschweig
Dietrich-Bonhoeffer-Str. 1
38300 Wolfenbüttel
Tel. 05331 / 802–519

Medienzentrale der Bremischen Evangelischen Kirche
Hollerallee 75
28209 Bremen
Postfach 105007
28050 Bremen
Tel. 0421 / 34615–77

Nordelbische Medienzentrale
Teilfeld 1
20459 Hamburg
Tel. 040 / 36001953

Medienzentrale im Amt für Gemeindedienst
Archivstraße 3
Postfach 265
30002 Hannover
Tel. 0511 / 1241–432;
Dispo 1241–501

Ton- und Bildstelle e.V.
Medienzentrale der EKHN
Rechneigrabenstr. 10
60311 Frankfurt/Main
Tel. 069 / 299611–00

Evangelische Kirche der Pfalz
Film-, Bild- und Tonstelle
Domplatz 5
67346 Speyer
Tel. 06232 / 667–415, –416

Film Funk Fernseh Zentrum der
Evang. Kirche im Rhld. (FFFZ)
Medienhaus
Kaiserswerther Str. 450
Postfach 300343
40403 Düsseldorf
Tel. 0211 / 4580–222

Evangelische Filmzentrale der
Ev. Kirche von Westfalen
Cansteinstraße 1
Postfach 140380
33623 Bielefeld
Tel. 0521 / 9440–122

Evangelische Medienzentrale
Württemberg
Augustenstraße 124
70197 Stuttgart
Tel. 0711 / 22276–67 bis 70

Evangelisches Informationszentrum
Kurhessen-Waldeck
– Medienzentrale –
Heinrich-Wimmer-Straße 4
34131 Kassel
Tel. 0561 / 9307–160

Medienzentrale der Evangelisch-
Lutherischen Kirche in Thüringen
Schloßberg 4a
99817 Eisenach
Tel. 03691 / 214166

Evangelische Medienzentrale
Magdeburg
St.-Michael-Straße 47
39112 Magdeburg
Tel. 0391 / 600900

Medienzentrale der Pommerischen
Evang. Kirche
Karl-Marx-Platz 15
17489 Greifswald
Tel. 03834 / 554759

Konsistorium der Evang. Kirche der
schlesischen Oberlausitz
– Medienstelle –
Schlaurother Str. 11
02827 Görlitz
Tel. 03581 / 744–104

Evang. Medienzentrale in Sachsen
Caspar-David-Friedrich-Str. 5
01219 Dresden
0351 / 47390–35

Evang. Landeskirche Anhalts
Büro für Gemeindeaufbau und
Evang. Medienzentrale
Ruststr. 10
06844 Dessau
Tel. 0340 / 2204909

Landesfilmdienste (LFD)

Landesfilmdienst Baden-Württemberg e. V.
Wolframstraße 20
70191 Stuttgart
Tel. 0711 / 251012

Landesfilmdienst Bayern e. V.
Dietlindenstraße 18
80802 München
Tel. 089 / 381609–15,-16

- Prinzregentenplatz 4
  86150 Augsburg
  Tel. 0821 / 510715
- Fürther Straße 80 a
  90429 Nürnberg
  Tel. 0911 / 262605
- Kardinal-Döpfner-Platz 5
  97070 Würzburg
  Tel. 0931 / 54141

Landesfilmdienst Berlin-Brandenburg e. V.
Bismarckstraße 80
10627 Berlin
Tel. 030 / 327929–0

Landesfilmdienst Hessen e. V.
Kennedyallee 105 a
60596 Frankfurt/M.
Tel. 069 / 630094–0

- Wilhelmshöher Allee 19
  34117 Kassel
  Tel. 0561 / 13710
- Sturmiusstraße 8
  36037 Fulda
  Tel. 0661 / 73138
- Leopold-Lucas-Straße 8
  35037 Marburg/Lahn
  Tel. 06421 / 27577

Landesfilmdienst Niedersachsen e. V.
Podbielskistraße 30
30163 Hannover
Verleih: Tel. 0511 / 661393

Landesfilmdienst Nordrhein-Westfalen e. V.
Schirmerstraße 80
40211 Düsseldorf
Tel. 0211 / 360556

Landesfilmdienst Rheinland-Pfalz e. V.
Petersstraße 3
55116 Mainz
Tel. 06131 / 28788–0

- Markenbildchenweg 38
  56068 Koblenz
  Tel. 0261 / 36243
- Schulstraße 12
  67435 Neustadt
  Tel. 06321 / 968793
- Zurmaienstraße 114
  Postfach 2566
  54292 Trier
  Tel. 0651 / 146880

Landesfilmdienst Saarland e. V.
im Medienladen Saar
Halbergstr. 3
66121 Saarbrücken
Tel. 0681 / 63393

Landesfilmdienst Schleswig-Holstein
Thormannplatz 20–22
24768 Rendsburg
Tel. 04331 / 789855

Landesfilmdienst Mecklenburg-Vorpommern e. V.
Bleicherstr. 3
19053 Schwerin
Tel. 0385 / 5813359

Landesfilmdienst Sachsen für Jugend- und Erwachsenenbildung e. V.
Karl-Heine-Str. 83
04229 Leipzig
Tel. 0341 / 4774155

Landesfilmdienst für Jugend- und Erwachsenenbildung e. V.
Sachsen-Anhalt e. V.
Bahnhofstr. 14
06406 Bernburg/S.
Tel. 03471 / 372183

Landesfilmdienst Sachsen-Anhalt e. V.
Mittelstr. 6
39114 Magdeburg
Tel. 0391 / 5437756

Landesfilmdienst Thüringen e. V.
Brühler Str. 52
99084 Erfurt
Tel. 0361 / 22181–13

Landesfilmdienst – Filmothek Hamburg
Friedensallee 9
22765 Hamburg
Tel. 040 / 3905274

Überregionaler Verleih und Verkauf von Filmen für nichtgewerbliche öffentliche Vorführungen

BJF: Bundesverband Jugend und Film e. V.
Kennedyallee 105a
60596 Frankfurt am Main
Tel. 069 / 6312723
(Verleih nur an Mitglieder)

KJF: Kinder- und Jugendfilmzentrum in Deutschland
Küppelstein 34
42587 Remscheid
(Top-Video-Liste 4 x jährlich, kostenlos)

Matthias-Film
Gemeinnützige GmbH
Gänsheidestraße 67
70184 Stuttgart
Tel. 0711 / 240512 und 240410
(Filmvertrieb/Verkauf)

KFW: Katholisches Filmwerk GmbH
Ludwigstraße 33
60327 Frankfurt am Main
Tel. 069 / 971436–0
(Filmvertrieb/Verkauf)